文春文庫

花のタネは真夏に播くな

日本一の大投資家・竹田和平が語る旦那的投資哲学

水澤潤

花のタネは真夏に播くな

日本一の大投資家・竹田和平が語る旦那的投資哲学／目次

まえがき

『会社四季報』を開いてみると、あちらにもこちらにも「竹田和平」という名前が載っている。百数十社もの上場会社の大株主というのだから、まぎれもなく竹田和平さんは日本一の大投資家と言って、差し支えないだろう。

今では数多くの上場会社の大株主として登場し、多くの人に知られるようになった竹田さんだが、ちょうど十年前、つまり一九九八年までは、『会社四季報』のどこを見ても竹田さんの名前は見当たらなかった。

それからわずか十年。今では『会社四季報』（二〇〇八年夏号）で確認できるだけでも百四社もの大株主欄に名前が載っている。灰色の記憶しか残らなかったこの十年の間に、たしかに竹田和平さんは、正真正銘、日本一の大投資家の座に駆け登ったのである。

だが竹田さんとは、何者なのだろうか。何を考え、なぜ、数多くの上場会社に投資をしているのだろうか。そして、投資をすることのその先に、いったい何を目指しているのだろうか。

株が、株であるというだけで叩き売られている今の時代ほど、投資に適した時はないと竹田さんは言う。

日本には、いまだに株式投資に対する根強い偏見が残っている。株に手を染めるなんて、ギャンブルにウツツを抜かすのと同じことだ……という偏見だ。額に汗をかく仕事だけが、真に尊い仕事であるという思い込みである。

「もしも倒産すると紙屑になるから株は怖い」と人は言う。「人喰いザメが怖いから海には近づかない」と言うのと同じだ。世の中の多数派にとって、人喰いザメとイワシの区別を勉強するより、頭から「魚はすべて怖いもの」と決めてかかる方が楽なのだろう。

サメもイワシもまとめて「魚は嫌い」の一言で片づけてしまえば、魚のことで悩むこともなくなる。枕を高くして安眠できるというものだ。

しかしある朝、目覚めた時、とびっきり幸せそうな竹田和平さんの笑顔をテレビや新聞紙上で、ふと見かける。そして不思議な一抹の不安が再び頭をもたげてくるのだ。

竹田さんは、いつでも幸せそうに笑っている。幸せで、わくわくしながら人生を歩み続けてきたことが、笑顔を見ただけで一目で分かる。

だが洗面台の鏡の中から不安げにこちらを見つめる自分の人生は、幸せで、わくわくできる人生だったのだろうか。ほんとうに「魚は嫌いだから手を出さない」と決めつける人生で良かったのだろうか。

竹田さんは、どうしていつも幸せそうに笑っていられるのだろうか。

貧しい菓子職人の息子として生まれながら、一気に日本一の大投資家の座に駆け登った竹田和平さん。

そして今では日本一の花咲じいさんとして、周囲の多くの人たちに幸せを還元し、喜びに包まれて生きている竹田さんの生き方こそは、私たちに、実に多くのことを示唆してくれることだろう。

花のタネは真夏に播くな

日本一の大投資家・竹田和平が語る旦那的投資哲学

第1章　お金持ちになるための、たったひとつのキーワード

1　お金持ちになるための、たったひとつのキーワード

竹田さんが経営するボーリング場の裏の駐車場には、夜な夜な暴走族が集まって来る。バイクを空吹かしして爆音を立て、ゴミや空き缶や吸殻を投げ捨て、傍若無人の暴走族だ。読者のみなさんが、もしも竹田さんの立場だったとしたら、どのようにされるだろうか。

迷惑だ。怖い。何されるか分からない。近寄りたくないなど、私たち庶民にとって、感想は決まりきっている。学校は、親は……、と他人を責め、警察に一一〇番するぐらいが関の山だ。間違っても、見も知らぬ暴走族が何人もたむろしているところに、たった一人で、のこのこと素手で割って入ろうとは思わないだろう。

だが、竹田さんは違う。平気で竹田さんは暴走族にも一人で声を掛ける。そして今では暴走族の少年たちも、完全に竹田さんを慕っているのだ。だがそのやり方は、平凡な私たち庶民が想像できるレベルを完全に超越している。上場会社百数十社の大株主にして、日本一の個人投資家の竹田さんであってこそ、はじめてできる「暴

走族とのつきあい方」があったのだ。

竹田さんは言う。

「暴走族というのは、学校の先生や周囲の住民から見れば、花も葉も実もない枯れ木みたいなものでしょうけど、枯れ木に花を咲かせることは、本当は簡単なんですよ」

竹田さんは新顔の暴走族を見かけると、満面の笑顔で「よう、腹減ってるか？」と気軽に声を掛けるのだ。

「ごちそうしてやるわ。おれはここのオーナーなんだ」と言うと、暴走族の少年の中には、オーナーという言葉が分からない者もいる。

「オーナーって、何だ？　社長のことか？」と聞くので、

「オーナーってのは、社主のことだ。社長よりも偉いんだよ。何でも欲しい物、食わしてやるから、ここの散らかしたのを掃除したら、食堂においで」と答える。

暴走族の少年たちは、大人から声を掛けられることに馴《な》れていない。特に見知らぬ大人から、甘いことを言われると本能的に警戒する。

「なんだこのオヤジ。あっちへいけ。刺すぞ」とナイフを閃《ひらめ》かす少年もいる。だが竹田さんは、たった一人で笑みを浮かべながら言う。

「おまえには、オレは刺せないよ。オレはものすごくツキにツイてる人間なんだから。ツイてる人間は刺されやしない。それより、おまえもツイてる人間と出会ってしまったんだから、今日からおまえにもツキが回って来たんだよ」

なんだかよく分かったような分からないような理屈だ。そして竹田さんは言う。

「オレの話を一時間聞けや。一人千円ずつやるぞ。時給千円だ。悪くないだろう」

金の力で暴走族を釣るという展開は、おそらく筆者を含め、大多数の庶民のお金に関する倫理感の守備範囲外ではないかと思う。竹田さんのお金の使い方に対して、本能的に拒否感を抱かれた方も多いだろう。筆者も最初にこの話を聞いた時は、大きな違和感を覚えたものだ。

だが竹田さんは言う。

「暴走族というのは、情《じょう》で話をすれば、ちゃんと理解する力を持っている子供たちなんですよ。だけどね、親も学校も子供たちのことを理解しようと努力をせずに、みんな理屈理屈で子供たちを一方的に責め立てるんです。教育っていうのは、感動が伴わないといけないと思うのですけどね。

それに、そもそも教育にはお金が掛かっているんですよ。ついつい学校なんてタダだと勘違いしてしまいがちだけど、決してタダではありません。学校の先生に税金から払われているお金は、生徒一人あたりにすると、どれぐらいになるでしょうか。それを考えると、民間人の僕が、教育にお金を払うのは、同じことなんですよ」

2　すべてのお金は、喜びの代金なのだ

暴走族の少年たちは、高そうなバイクを乗り回してはいても、実はみんなすごく金に困っているのだという。ただ座って話を一時間聞くだけで千円もらえるというのは、少年たちにとっても予想外の展開だ。顔を見合わせて相談する。そして、結局、竹田さんについてくる。

それにしてもどうして竹田さんは積極的に暴走族の少年たちに声を掛けるのだろうか。

竹田さんは言う。

「暴走族に入るような子は、一昔前までは零細企業のガンコ親父が引き受けてきたものです。しかし不況によって零細企業が大きなダメージを受けて、少年たちを引き受ける余力がなくなってしまったんですね。そのために、こういう子供たちの唯一の引き受け手が暴力団だけになりつつあります。ヤクザ集団が大きくなる可能性があるのです。これは非常に恐ろしいことだと思いますが、しかし今の日本では、

ほかに彼らの行くところがないのだから、このままではどうしようもありません。

そこで、僕は地域社会の中に若い者たちをキチンと取り込んで行けるようにしなければいけないな、と思っているのです。ひとつのコミュニティの中に、旦那心《だんなごころ》を持つ資産家が入っていって、子供たち全員を含めて、広い意味での教育をしていくのが良いと思っているのです。地域の子供たちに心を開き、接して行こうと思っているのです。それこそが、まさに旦那心を持つ者の責務というものではないのか、と思うのです。

暴走族の少年たちは、今の教育システムの枠から、はみ出してしまった子供たちですけど、子供たちだけを責めても仕方ありません。子供たちは、学校に行っても、面白くもなく、楽しくもないことを、なぜ強制されるのか、理由も分からないのに詰め込まれるから反発するのです。

しかし、少年たちとじっくり話をしてみると分かるのですが、本人はみんな自己表現したいと思っているんですね。ただ自己表現の方法が分からないだけなんです。あり余る精力の放出の仕方が分からないからバイクで爆音を立てる方向に走ってしまうんです。

つまり、ある意味では、この少年たちこそ『真の人材』なのだと思うのです。変革期のリーダーたりうる人材なのだ、と思うのですよ」

少年たちは、竹田さんのあとから、ゾロゾロとボーリング場の食堂についてくる。

そこで竹田さんは暴走族の少年たちに聞く。

「きみら、将来は何になりたいの？」

少年たちには答えられない。確固たる将来設計があるような子供なら、最初から暴走族には入っていない。仮に将来のことを答えられた少年がいても、漠然としていて、とても不可能な夢まぼろしを口にするだけだ。

「大金持ちになりたいなあ……」と誰かが言う。

失笑が漏れる。

そこで竹田さんは言う。

「僕は金持ちになる方法は全部知ってるよ。この金も、ゼロからみんな自分で稼《かせ》いだものなんだから。きみらも金持ちになる方法を知りたいかい？」

少年たちの目が輝き始める。そんな話は聞いたこともない。親も先生も誰一人、これまで教えてくれなかった話だ。しかも目の前にニコニコ笑顔を浮かべながら座っているオジサンは、この大きなボーリング場の、よく分からないけど、とにかく社長よりも偉い何とかっていう人なのだから、たしかに大金持ちなのだろう。

「知りたい！」

　そこで竹田さんが言う。

「こづかいを五千円欲しいと思って、親にねだったら、さんざん文句言われて、結局千円しかくれなかったとする。きみらは、どうする？」

「ケチ！　このクソババアって言う」

「もっと出せって言う」

「ぶん殴《なぐ》るかも……」

「そうだね。だからきみらは貧乏のままなんだよ」

「え？」

「千円しかもらえないから貧乏なんですか？」

　竹田さんは笑う。

「千円しかもらえなかった時に、仮に、なんだコレッポッチと思っても、それを口や表情に出してしまう人は、貧乏人のままなんだよ。千円もらったらね、わー助かったよ、嬉しいなー、ありがとうって、おおげさでもいいから、親を褒《ほ》めるんだよ。褒め上げるんだよ。喜びを全身で表すんだよ。そうすれば、お金持ちになれるんだ」

少年たちは、キツネにつままれたような表情を浮かべて黙っている。

「そもそも、親はどうしてきみらに千円くれるのだと思う？」

「え？　それは僕らが親の子供だからでしょう？」

「違うんだ。親が千円くれるのは、子供が喜ぶ顔を見たいと思うからなんだよ。だから、たとえ千円しかもらえなくても、本当は五千円欲しい気持ちを絶対に顔には出さず、心から喜んでごらん。心からありがとうって言ってごらん。飛び回ってごらん。

　親だってね、子供が喜んでくれるなら、お金を出したいと本当は思っているんだから。

　千円やるだけでこんなに喜んでくれるのなら、この子は五千円欲しいと言ってたのだから、最初から五千円あげれば良かったな、悪いことをしたな、と親は感じはじめるから。その時には千円しかもらえなくても、きっと次にはすぐに五千円もらえるよ」

　これで分かる子供もいる。だが、「かったるいなあ。親なんか、殴って金を出せって言うほうが簡単でいいよ」と言う少年もいる。

「誰かを殴って金を出させるのは最低なんだよ。殴るのはいけないことだけど、それだけが理由じゃない。たとえ恐怖で一度は金を出したとしても、もう次には金を取られないぞって相手はガードを固めてしまうだろう。相手がガードを固めれば固めるほど、同じ相手から次に金を出させるのはむずかしくなってしまうからなんだ」

「相手のガードをゆるめるためにも、相手を喜ばせることが大事だってことですね？」

「そうだね。大人になって世の中に出たら、客を殴って金を出させる商売なんて、どこにもないんだよ。お客さんは嬉しい気持ちになりたいし、わくわくしたいと思うからお金を払うんだ。

見てごらん。このボーリング場に来ているお客さんを。だれ一人として、ムリヤリ引っ張って来られた人なんかいないだろう。みんな、ああ楽しかったと思って代金を払って行くんだよ。

ボーリングをして代金を払うお客さんは、お金を払っても、なにひとつ品物を持って帰るわけじゃないよね。お客さんは、ただわくわくしたいと思ってやってきて、ああ楽しかったなと思ってお金を払うんだ。お客さんの手元には、なにも残っていないけど、心の中に喜びが残るんだ。

お金っていうのはね、喜びの代金なんだよ。商品を売る商売でも、みんな同じだ。お店に行ってなにか品物を買って、お客さんがお金を払うのは、品物の代金だから仕方なく払っているわけじゃないんだ。欲しかった品物を自分のものにできて満足して、ああ嬉しいなぁという喜びの気持ちを手にするために、お客さんは本当はお金を払っているんだよ。

お母さんが子供にこづかいを千円くれるのは、親の義務だからじゃないんだ。子供が喜ぶ顔を見て、自分も嬉しい気持ちになりたいから、こづかいをくれるんだよ。だから、どうすれば相手の人に喜んでもらえるかということをいつも考える習慣が、お金持ちになるための一番のキーワードなんだ。

どんな小さなことに対しても、ありがとうって言ってごらん。最初はたいへんでも、すぐに慣れるよ。

ありがとうありがとうありがとう。

それだけを言い続けるだけで、実際に僕はお金持ちになったんだから」

「本当ですか？」と少年たちは、まだ半信半疑だ。

3　会社を表彰する大株主、少年を褒めて育てる大旦那

豊かな時代に生まれた少年たちは知らないことかも知れない。

しかし、子だくさんで貧しい一介の菓子職人の息子として生まれた竹田さんが、やがてタマゴボーロで有名な竹田製菓を、事実上、一代で築き上げ、ついには上場会社百数十社の大株主となれた理由こそ、感謝の気持ちを忘れないという心がけにあったのだと、竹田さんは言う。

竹田さんだからこそ知っている成功の鍵、それは誰でも知っているはずの、ありがとうという言葉、ありがとうという気持ちだったのである。

投資の世界の掟《おきて》とは、他人を裏切り、出し抜くこと。弱肉強食、捕まらなければ何をしてもいいのだと思い込んでいる人には、まったく予想外の話かも知れない。だが、感謝の気持ちというのは、本当は株式投資の世界でも、日常生活と同じように通用するのだと竹田さんは言う。

「暴走族に入って三年も経ってしまうと、子供の中の手に負えない部分がどんどん

大きくなってきてしまうけど、それでも十五歳から十九歳ぐらいまでの少年なら、まだ手遅れではないと思います。とにかく子供のことを理解しようと努力し、褒められるところを見つけ出して褒めてあげるのですね。そうすると子供たちは本当に元気になりますよ。

これまで彼らは、周囲の大人たちから全人格を全否定されて生きていたのです。ひとたび肯定に包まれるようになったら、劇的に力が湧いてくるのが感じられますよ。

褒められると誰だって元気が出るでしょう。それは相手が会社の経営者だって同じことです。おりを見つけては、私はいつも各社の経営者に手紙を書いています。本当に良い成績を上げてくれてありがとう。今年もいっぱい配当金を出してくれてありがとう、とね。

僕はたしかに大株主ですが、大株主にしかできないことだとは思いません。誰にだって、本当はできるはずのことです。人間関係の基本は、どんな世界でも、どんな分野でも同じだと思うのです。感謝をすること。ありがとうと言うことです。投資の基本も同じことです。もっとも尊い愛とは、相手に希望を与えることですからね」

実際に、ある会社に対して、竹田さんは「株主感謝賞」という賞状を送ったことがある。年間三十円の配当を出してくれてありがとう。株主として感謝を示すために賞状を贈ります、というのである。副賞として、純金の二オンス（約六十二グラム）の記念メダルも贈ったという。

その会社でも、まったく前代未聞だと驚かれたそうだ。

株主から表彰される会社なんて、聞いたことがあるだろうか？

だが、なぜそこまで竹田さんはするのだろう。常識では考えられない。しかし、しょせん私たちの常識程度を当てはめて、竹田さんを計ったりするのは失礼にあたるだろう。

株主が経営者にここまで感謝を示す理由はなんなのだろうか。

竹田さんは本当にいつもニコニコしていて、怒っている顔を見たことがないと誰もが口を揃《そろ》えて言う。そこで次章では、竹田さんがどういう道をたどり、大きな資産を築いたのか、そして大旦那としての生き方を選んだのかを見てみることにしよう。

第2章　こうして日本一の大投資家が誕生した

一つの仕事にみんなが真剣に取り組んでいる、そんな愛情あふれる大家族の長男として、竹田和平さんは生まれたのだ。

*

物心がついたばかりの和平少年は荷物を山積みにした大八車の後ろに乗せられて、どこまでも行った。そしていろんな光景を目に焼き付けた。

焼き上がったばかりのボーロ菓子を問屋さんに納品し、その場でお父さんは買い取ってもらう。問屋さんは勝手にソロバンを入れる。

「原料代がこれぐらい、燃料代がこれぐらい、あんたのところの手間賃がこれぐらい。そうすると、まあ、こんなもんかな」と問屋さんは勝手に買い取り価格を決定して、お金を取り出し、和平さんのお父さんに渡そうとする。

「ちょ、ちょ、ちょっと待ってください。せめてこれだけ、これぐらいは……」とお父さんはソロバンに数字を入れて、必死に交渉する。

だが、いつも決まって勝つのはお金を持っている側である。ほんの少しだけイロを付けてもらったお金を受け取って、深々とおじぎを繰り返すお父さんの後ろ姿を、和平少年はしっかりと心に焼き付けたものだった。

借金返すぞ、というのが、一家の合言葉だった。毎日毎日、全員が一所懸命働いた。

働いて働いて働き抜いた。

稼ぐに追いつく貧乏なし、という。やがて、あれほど大きかった借金の山を全額払い終わる日が来たのである。

その時、竹田さんのお母さんは、お父さんにポツリと言ったのだ。

「私たち、独立しましょうよ」

2　官は一片の紙きれで、罪なき民間人を罪にした

それまでお父さんは、独立などということは考えたこともなかった。ただ、女房と姑との間が、あまりうまく行っていないということだけは、薄々、気がついていた。しかし自分も大家族の一員として、大家族の全体のために働くのは当然のことだと思っていたのである。

だが、お母さんはあきらめなかった。一つの屋根の下で暮らしている大家族のなかで、嫁と姑が対立してしまうと、その辛さは、嫁が一人で背負わねばならない。竹田さんのお母さんは、粘り強く、何度も何度もお父さんを説得しつづけたのである。

ついにお父さんも、根負けしてしまう。そして自分のお菓子屋を新しく立ち上げたのだった。

おりしも時代は日中戦争のまっただ中だった。日本軍は南京を落とし、武漢を落とし、破竹の進撃は続いていた。

人々が「未来は明るい」と確信していた時代は、しかし、すぐに暗転する。いつまでたっても中国は降伏しなかった。負けても負けても首都を移して、しぶとく抵抗を続けている。

戦火はどんどん拡大し、泥沼化する。物資は不足していく。

昭和十五年のことだった。突然、お菓子の原料の砂糖やデンプンなどが統制品に指定されたのである。

昨日までお菓子を作っていた仲間が、次々に警察に逮捕されはじめたのだ。容疑は統制令違反というものである。商売人が当たり前のことを当たり前にすることが罪に問われる時代。そういう暗い時代がやってきたのだった。

せっかく軌道に乗り始めたばかりの竹田さんのお父さんの菓子屋だったが、国によって強制的に親戚筋の会社に統合されたあげく、ついに仕事そのものがなくなってしまったのである。

お菓子屋としての仕事をあきらめることができない和平さんのお父さんは、言った。

「こうなったら、満州に行って、一旗揚げよう」と。

日本はすでに中国東北部を占領し、満州国建国という名目で中国政府の手から切り離し、これを事実上の植民地としていた。当時の日本人は、この広大な満州の土地こそ自分たちの新天地だと思っていたのである。

こうして世の「満州ブーム」に乗っかる形で、竹田さん一家は満州に引っ越しをしたのだ。

だが、満州に到着した竹田さん一家は、ただちにひとつの明白な事態に直面する。販路もない、資本もない。あるのはボーロ焼き職人としての腕だけである。家の外には異邦人ばかりが行き交っている。和平少年には、とてもショッキングな経験であった。

これは失敗だった、と和平さんのお父さんはただちに悟った。満州は噂に聞くような天国ではなく、単なる異邦人の土地に過ぎなかったのである。

正味十カ月の満州生活を終えて名古屋に戻った和平少年の一家は、もとはお菓子工場だった場所で軍需部品を作り、終戦の日まで暮らし続けることとなった。和平さんにとって、思い出したくもない灰色の日々だった。

軍需工場であったおかげで、和平少年のお父さんは徴兵されずに済んだのだが、その代わり戦争が終わってしまうと、まったく仕事がなくなってしまったのである。

「福井の田舎に帰ろうか」

3　勤勉であること、それがお父さんの価値観だった

お父さんの性格を物語るエピソードがある。一家が福井県の山の中に戻った頃の話だ。

川沿いの痩《や》せた荒れ地を地主から借り受け、開墾して、あらたに畑を作ろうと和平さんを連れて行ったお父さんは、息子から見ても融通がきかない、まっすぐな人だった。

とにかく労を厭《いと》わない。荒れ地に木の切り株があったりすると、ものすごい努力をして根元から掘り起こそうとするのである。

子供の和平さんですら、一目見ただけで、その切り株を掘り起こすのには何時間も掛かりそうだと分かる場合でも、とにかく切り株を掘り起こそうとするのだ。

子供心ながらに、なんと無駄なことをするのだろうかと和平さんは思ったという。

おかげで、夜明けから畑に出て、とっぷりと日が落ちるまで一所懸命働いても、ろくに畑の面積は増えないのだった。

もともと河原の跡で、肥えた土などあるわけもなく、掘っても掘っても次々に大きな石が出てくるような、そんな荒れ地だ。ある程度で妥協して、大きな石や木の株なんかはあきらめて、どんどん開墾を進めていかないと、植え付けの季節は終わってしまうと少年は焦ったものだが、「どうしても取り除くんだ」とお父さんは聞かないのである。

福井は豪雪地帯だ。冬になると、雪掻《か》きをしなければいけない。なにより、朝起きたら、まず道路までの雪を切り開く必要があった。

だがここでも、お父さんの頑固さが遺憾なく発揮されてしまう。

少年は思うのだ。人間が一人、通れるだけの幅さえ掘れば良いじゃないかと。

だがお父さんは断固として広い道を切り開くのだと主張する。おかげで家族みんなが必死に努力しても、作業はすこしも進まないのだった。

竹田さんは言う。

「ぼくは要領が良すぎる方だったのかも知れません。父といっしょに過ごした頃、どんなことであれ父親は絶対に労を厭わないで真正面からぶつかっていきました。ぼくは本当に、かなわないなあ、と思ったものでした」

戦争が終わった時、和平少年はまだ十二歳だった。子供の目から見て、決して理想の父親とは思えなかったにしても、お父さんはわずか十二歳の長男・和平少年を、きちんと跡を継ぐ者として扱い、一人の大人として評価し、頼りにしてくれたという。

戦争は終わったが、名古屋は焼け野原になっていて、やるべき仕事もなにもない。田舎に残るべきか、それとも都会に戻るべきか。お父さんに相談された和平少年にも、答えは見つからなかった。

こちらにいれば、飢え死にすることはない。豪雪に閉じ込められ、寒いけれども、このままこちらで農民になるほうが良いのかも知れないな、と和平少年も思っていたのである。

だが、やがて名古屋の昔の仕事仲間からお父さんにハガキが届いた。

「砂糖の統制が終わるという話だ。こっちに戻って菓子仕事をしないか」と書かれていた。

4　儲かる方法が見つかると、現金は一気に流れ込む

竹田さん一家には、そのハガキは福音に思えた。

さっそく家族十人が名古屋に戻ることになった。

「天下さん」というあだ名の昔の仕事仲間が、工場を始めるために焼け残りの長屋を手配して待っていてくれた。そこになんとか竹田さんの家族十人が転がり込み、お父さんと和平少年が菓子を焼く日々が始まったのである。

原料もなかなか手に入らない時代だった。そこで竹田さんは頭をひねった。

当時、食料品は配給によって配られていた。だが一人当たりに配給すべきカロリーが決められているだけで、どんな食料品が配給されるかは、実際に配給されるまでわからない。米や小麦粉の代わりに砂糖が配られることも多かったのだ。

だが腹を空かせている時に、砂糖みたいなものを百二十グラムぽっち、もらっても、始末に困ってしまう。

そこで竹田さんは、恥を忍んで各戸を一軒ずつ回り、配給品の砂糖を、百二十グ

ラムにつき四百五十円で購入して歩いたのである。

闇物資を買えば、砂糖は一キロ四千円だったから、こうやって買い集めれば一キロについて二百五十円の利ざやになる。小僧の日給が百円の時代に、二百五十円の利ざやというのは、とても大きかったのだ。一斗缶一杯の砂糖を買い集められれば、数千円の利益になる。

実は平成二十年の現在、砂糖の問屋価格は一キロ百五十円程度にすぎない。昭和二十四年当時の砂糖は、驚くべきことに現在よりも三十倍近くも値段の高い貴重品だったのだ。当時と比べて消費者物価が約八倍に上がっていることを考えあわせると、砂糖は実質的に二百分の一に値下がりしたと言えるのではないだろうか。

終戦直後の大不況下で、砂糖は貴重品だった。人々は甘いものに飢えていたのである。どこのお菓子メーカーでも、作る端からお菓子は飛ぶように売れて行った。

しかし、やがて和平少年は「天下さん」と衝突する。

天下さんは豪傑肌で、鯨飲馬食の人だった。「ワシは天下の豪傑じゃ」というのが口癖で、夜中の二時三時になってから、ムリやり知人を叩き起こして呑みに繰り出すことも数知れず、いつしか皆が天下さん、天下さんと呼ぶようになった人で、仕事を放り出してフラッと呑みに出かけては何日も帰ってこないような人だった。

しかし、お父さんはボーロ菓子を焼くことだけで頭の中がいっぱいで、それ以外のことまでは手が回らない。菓子問屋との折衝から、商品の配達から原料品の調達から集金まで、何から何までいっさいが、まだ十六歳になったばかりの和平少年の仕事として押しつけられたのである。

そしてある日、事件は起きた。事件と呼ぶには小さすぎる、もしかすると日常の一コマに過ぎないような、ほんのささいな、小さな出来事だった。

竹田さんは言う。

「天下さんも人間としては悪くない人だったと思うのですが、口が悪く、平気で来客に向かって、僕を指差し、こいつは馬みたいによく喰う奴で、こんなのを養ってるんだからオレは大変だ……みたいなことを言うわけです。悪気はないのだろうと思いますよ。でも僕は朝から夜中まで働いているのに、天下さんは呑みに出てしまうと、平気で二〜三日も帰ってきません。久しぶりに帰ってきたかと思うと、こんどは昼日中から二日も三日もグーグー寝ている始末です」

もちろん、お父さんと天下さんとが共同で借金をして始めた仕事である。

天下さんがしている仕事は銀行の支店長や取引先の問屋の旦那を芸者遊びで接待することで、見た目とは違って、実際にはとても重要な仕事だということも、和平少年は十分に理解していた。

当時は、借金の市中金利は一カ月で一割という高い時代だった。複利で換算すると、一年ごとに借金は元利込みで三倍以上に膨らんでしまうという恐ろしい高金利の時代である。それが銀行から借りることに成功すれば、利子は実質年二割で済んだのである。

だが和平少年には、そろそろ潮時だと思えたのかも知れない。

仕事を再開して一年後、「ねえ、もう独立しようよ」と和平少年は提案したのだった。これにはさすがに堅物で義理固いお父さんも、「そうだな、もう潮時かも知れないな」と同意してくれたのである。

会社を辞める話を切り出すと、思いのほかアッサリと天下さんは受け入れてくれた。やはり天下の豪傑を気取る人物。根は善人だったのだろう。

戦後の窮乏期、人々は甘いものに飢えていた。わずか一年の菓子屋商売でも十分に儲けは上がっていた。会社を離れることになった時、最初に天下さんとお父さんとで背負った借金は、すでにきれいさっぱり返し終わっていて、わずかだが天下さんはお父さんに分け前までくれたのである。和平少年十七歳。海の向こうの朝鮮半島で、大戦争が始まろうとしていた頃である。

一家は、太平洋戦争の罹災者用の市営住宅の一戸を借りた。元は小学校の焼け跡の校庭に建てられた、建坪十坪で板張り板葺きのバラックである。

この広さでは、竹田さんの一家十人がなんとか寝起きをすることはできても、工場を作るスペースはない。

そこで和平少年は大工さんと交渉して、工賃を少しでも節約するためにみんなで大工仕事を手伝いながら六坪の掘っ建て小屋を増築した。ふたたび六十万円の借金を抱えて立ち上げた工場、それが竹田製菓の発祥の地、名古屋の千歳工場の始まりである。

話には聞いていた新型の菓子焼き釜を、一家総出でレンガを組み立て作り上げた。お父さんと和平さんは、毎日交代で、朝の五時に起き、火を起こすのが日課となった。毎朝、山のように燃料屋が届けてくれる岩木（亜炭）を使ってボーロ菓子を焼くのである。竹田製菓の商品は、鮎の形の抜き型を使った、昔ながらの「鮎ボーロ」という商品である。

商品さえ作れば、どこの菓子メーカーでも飛ぶように売れる時代だった。生産力が完全に破壊されていたから、物を欲しがる人は多く、だから急激なインフレが続いていたのだが、一面の焼け野原となってしまった土地などは、欲しがる人もなく、また買うだけの経済力を持つ人もおらず、ほとんど捨て値で転がっているような時代だった。

現金を持っていて本当に目先の利く人だったなら、この時代に土地を買い込み大富豪になっただろうと竹田さんは言う。

だが竹田少年がその当時、欲しいと思っていたものはカメラ。そしてもう一つ、欲しかったのは「自分の時間」だったのだ。

仕事は朝の五時から始まる。釜に火を入れ、菓子を焼き始め、焼く工程そのものは午後二時頃に終了する。だがそれから品物を配達したり、仕入れや販売、そして翌日のための原材料の仕込みと、息つく暇もなく仕事が待っている。自分の時間など、まったく取れない状態だった。

しかし、お菓子の需要は拡大を続けていた。経営も軌道に乗り、どんどん利益が転がり込んで来るようになる。わずか一年で、竹田さんの一家は借金を全額きれいに返済し終えただけでなく、数十万円の資金を積み立てることもできた。そこで和平少年は、お父さんにおずおずと、あることをねだったのである。

「夜学に行ってもいいかなあ」

お父さんは言った。

「勝手にせい」と。

自分の時間をもらうことができたのは、ほんとうに嬉しかったと竹田さんは言う。

そこでさらに竹田さんはお父さんに言った。

「これから僕は新しい得意先を開拓するから、そこで売れた分については、売上の五％を僕にくれないかなあ」

お父さんは、その条件も呑んでくれた。

儲かる方法が見つかると、ほんとうに一気に現金は流れ込んでくるものだ、と十八歳の和平少年は目を見開かされたという。

竹田さんは誰も持っていないバイクを買い、カメラも買い、さっそうと夜学へ通うようになった。

「カメラなんか、普通の人は誰も持っていなかったですからね。撮ってあげると、ほんとうによくモテたものですよ」と竹田さんは笑うのだ。

市営住宅の賃借のバラック工場では、需要に追いつかない状態が続いていた。

「こんな、ちっちゃな菓子屋はいやだなあ」と和平青年はお父さんに言った。だがお父さんは頑固者だった。

「菓子屋とデキモノ（吹き出物）は、大きくなると潰れるんだ」

実際、菓子業界のこの諺《ことわざ》は、一面の真理を突いていた。なぜなら菓子の原料はすべて市況商品だから、大量に買ったからと言って安くしてもらえるわけではない。

外部から職人を雇い入れれば品質を管理するのも一苦労になってしまう。さらに人件費が掛かる。他人を雇うと、会社の損益にかかわらず、賃金その他の固定費用として着実にキャッシュが流出してしまうのだ。そのことを考えると、家内制手工業がもっとも安あがりなのだ。

お父さんはそのことを体感的に知っていたのだろう。

だが、いつまでも借り物の土地に仮設の工場では、ジリ貧である。業績は好調で、資金も積み上がってきている。ある日、ついにお父さんは決断した。

「よし、自分の工場を作るか」

蓄えた資本金を元手に、近所に自前の土地を買い、工場を建てることにしたのだ。ここに竹田製菓株式会社が正式に発足したのである。

それは日本が独立を回復し、ようやく戦争のどん底景気からも立ち直ろうとしていた頃のことだった。

5　どうすれば相手に喜んでもらえるかを考えること。そこにしか幸せに至る道はない

「大将。ウチの息子を、うんと叱って、うんとコキ使ってもらえませんか」

昔から知っているオジサンたちが、息子を連れてやってきては、大将と呼ばれていた和平さんのお父さんに頭を下げて懇願する。

昔からの知人の頼みとあれば断れない。家内制手工業によって早朝からボーロ菓子を焼く小さな工場に、住み込み従業員はどんどん増えて行く。竹田さんの会社は発展を始めたのだった。

だがそれを上回る勢いで、お菓子の需要も増えつづけ、売上は右肩上がりでグングン伸びていく。竹田さんのお父さんの狙いは当たった。人生最大の賭けに勝ったのである。

さらに工場を拡げる必要が出てきた。だが、もう敷地いっぱいに建物が建っている。

工場を拡張するためには、裏の土地を買い増さなくてはならない。だが、ボーロ

菓子を焼くことだけにしか情熱を燃やせないお父さんは、土地の買い取りの交渉のようなことは面倒だと、ようやく二十歳になったばかりの和平青年に全部任せてしまった。だがこの時の買収交渉の経験が、その後の竹田さんの人生に、大きな財産となったのである。

「裏の土地は水道工事屋さんの持ち物でした。こちらは表通りに面していますが、向こうは裏の狭い道にしか面していません。荒れ放題の空き地です。

表通りのこちらの敷地を僕らが買った値段が坪一万円ほどでしたから、最初、お願いに行った時は、水道屋さんの裏通りの土地は、世間相場ではいくらぐらいか、などという無益で有害な思い込みが、僕の頭の中に、きっとあったのだと思います。

ぜったいに嫌ですと、言下に断られてしまいました。僕と水道工事屋さんはお隣づきあいをしていて顔見知りであるとか、仲良くしてもらったとか、そういうことは何の役にも立たないのだなと自分の甘さを痛感させられましたね。

こちらの土地が表通りで坪一万円なら、向こうはそれよりも安いはずというのは、こちら側の一方的な皮算用に過ぎません。向こうだって立派な大人の商売人です。彼の土地は、そのまま単独では、とても坪一万円にも及ばないとしても、僕の土地と合わせることで、全体が大きく増価するということだって知っています。

僕はついに、坪二万円で売ってもらえないだろうかとお願いしてみました。その頃、近くの広い通りの四つ角に面して、はるかに条件の良い角地が売りに出ていたのですが、強気の価格が付けられていて、それでも坪一万五千円にすぎませんでした。

僕の提案した坪二万円という値段は、近隣の土地の相場なんかまったく無視した高値だったのです。坪二万円まで譲歩したのだから、水道工事屋さんも、きっと売ってくれるだろうと、僕は思っていました。

それでも、どうしても先方は買収に応じてくれません。

僕は本当に困ってしまって、じっくりと考えました。考えて考えて考え抜きました。

相手の人の立場を十分に理解し、自分が相手の立場だったとしたらどう考えるか、相手に喜んでもらえるためにはどうすれば良いのか、考えたのです。

そして思い当たったのです。

まともな大人相手の交渉では、自分が知っていることぐらい、先刻、相手も知っているという前提で交渉しないと、どんな交渉ごとも成立しないのではないかということです。近所の角地は、なるほど条件が良いから、強気の値段で坪一万五千円の値札が付いています。だけどその値段は『持ち主が売りたいと思っている値段』です。その人が付けた値段を見て、裏通りの水道工事屋さんの条件の悪い土地を坪二万円と、こちらが勝手に値踏みして、売ってくれるだろうなんて思っていたのは、僕が間違っていたのです。

四つ角の土地の持ち主は、自分の土地を売りたいと思っているのです。だけど水道工事屋さんは土地を売りたいなんて、これっぽっちも思っていないのです。だから二万円でも売ってくれないのです。

物の値段には二通りあるのです。最初から『売りたいと思っている人』から買う値段と、『売りたいなんて、ちっとも思っていない人』を説き伏せて買い取る値段です。

これは困ったなあ。どうすれば相手は喜んでくれるだろうか。僕は悩み抜きました。そしてついに良い作戦を思いつきました。

僕はさっそく角地の持ち主のところに行き、その土地を買う契約を済ませました。それからまた水道工事屋さんに行きました。もう何度目になるでしょうか。そして交渉したのです。

実は僕はあの四つ角の土地を買ったんですが、できればおたくの土地と交換してもらえないでしょうかと頼んだのです。

土地の広さは同じぐらいでも、道路条件は圧倒的に角地の方が良く、商売をするなら絶好の立地であることぐらいは、大人なら誰でも瞬時に判断できます。だけど、僕が交換条件に用意した土地が好条件であるなどという点は、僕の側からは口にもそぶりにも、いっさい出さないように気をつかいました。

相手の自尊心を損なわないために、必死で考えた作戦だったのです。

僕は言いました。同じ広さの土地を手当てしたので、ご迷惑とは思いますが、なにとぞ交換してもらえないでしょうか。いろいろとご迷惑も掛かるでしょうけど、その費用も全額、こちらで負担しますから、とお願いしたのです。

そうしたら、ついに水道工事屋さんも笑顔を浮かべ、分かりました。あなたの根気には負けましたよ、と言ってくれたのです。

どうすれば相手に喜んでいただけるか、それを考えることでしか道は開けないのだという経験は、本当に貴重な経験だったと思います。

坪二万円でも嫌だと言っていた相手が、坪一万五千円の土地となら、喜んで交換してくれた。

だけどそれは金額の問題ではなかったのだという経験をしたことが、僕にとっての真の財産となったのです。

相手の立場を考え、相手に喜んでもらうことをまず第一に考えたからこそ成功できた。こういう一つ一つの経験の積み重ねこそが、僕の人生の宝物だと思っています」

6　菓子屋とデキモノは、大きくなると潰れるのか？

こうして工場は大きく拡張された。新工場には、最新式で高価なガス式のトンネル釜を据えつけることもできた。もう夜明け前に、灰まみれになりながら岩木に火を付ける苦労もない。釜は三十秒ごとに自動的にチーンとベルを鳴らしてくれる。焦がしすぎたり焼き不足だったりという失敗も、大幅に減らせるようになったのだ。

今でも帳簿付けと営業と販売が和平さんの担当だった。しかしいったんすべてが良い方向へと回転しはじめると、竹田青年の仕事は目に見えて楽になってきた。問屋の営業の人たちは、先方から見本を求めて訪問してくれる。コーヒーを飲んで雑談したり、写真を撮ってあげたり、事務所に座ったままで営業活動が成り立ってしまうのだ。

しかし、こんなことで良いのだろうかという思いが、竹田青年の心の中でムズムズと動きはじめた。

もうお父さんがこれ以上の事業の拡大を望んでいないことは、言葉の端々からも、うかがえた。家内制の手工業としては、もう相当な水準に達していたからである。お父さんにとって、わざわざもう一度、冒険に踏み出して、この安定した生活を壊しかねないようなリスクは冒したくないという意識が強く働いたのだろう。

お父さんは口癖のように言っていた。「菓子屋とデキモノは、大きくなると潰れる」と。

なるほど名古屋はお菓子のメッカではある。だが、工場が名古屋に集中している必然性はないと二十二歳になった竹田青年は考えた。

日本人は日本中に住んでいるのだから、人口が多いわりにお菓子メーカーが手薄な地区に進出すれば、会社はもっともっと伸びるのではないだろうか。

調べてみると、九州地方には大きなお菓子メーカーがないことが分かった。九州は狙い目だと思って、竹田青年が進出の準備をひそかに始めたところ、なんとその年の夏、ライバルのボーロ菓子屋が一足早く、九州に進出してしまったのである。目の前で九州を押さえられてしまって、竹田青年は地団駄《じだんだ》を踏んだ。そして次の狙いを北海道に定めたのだった。

ボーロ菓子の原料であるデンプンはジャガイモから作られる。砂糖も砂糖大根から作られる。いずれも北海道で収穫できる作物だ。

わざわざ原料を名古屋まで輸送して菓子に加工し、製品をまた北海道に送り返すと、運賃コストが二重に掛かることになる。ずいぶんムダである。札幌に工場を作れば、運賃コストを大きく節約できるうえに、北海道と東北地方の菓子市場を押さえることもできるだろう。

津軽海峡を渡る菓子を、できれば全部、駆逐してやろう。そう皮算用をした竹田青年は、もう居ても立ってもいられない気分になってきた。

夏の暑い日、お父さんの反対を振り切るようにして六十万円を懐にネジ込むと、黙って北海道行きの列車に飛び乗ったのである。

7　完璧な事業計画。唯一の落とし穴

昭和三十年の八月。灼熱の名古屋を後にして、列車を何本も乗り継いで到着した北海道は、爽やかな別天地だった。

知人もいない札幌駅に降り立った二十二歳の竹田青年だが、懐には六十万円の資金を忍ばせている。

だが、なんと言っても自分の最大の武器は、二十二歳の若さにして、すでにお菓子ビジネスのすべてをマスターしているという、ひそかな自負心だった。

さっそく竹田青年は札幌の業界新聞に足を運んだ。北海道の菓子業界の事情を、新聞社の図書室で調べようと思ったのである。

竹田さんは、すでに知っていた。津軽海峡を越えて北海道に入るお菓子は、毎月二億円に達するという事実を。この二億円の市場を、できることなら、全部、自分の手で押さえたいものだと竹田さんはひそかに考えていたのだ。

通いつめるうち、業界新聞の支局長は、この見慣れない青年におおいに興味を惹

かれたのだろう。若くて、いつもニコニコとしているが、名古屋の菓子屋の跡継ぎ息子ということで、菓子業界の事情に精通している。なによりも、この北海道の開け行く大地に、ゼロから菓子工場を作るのだという気迫が輝いている。

さらに竹田さんは、詳しい市場調査をするために、最大手の問屋さんに飛び込むことにした。電話帳を見て、電話の本数が一番多い問屋なら、きっと大手に違いないだろうと読んだのである。予想はみごと的中した。菓子問屋の社長も竹田さんを可愛がってくれ、いろいろなお得意先に竹田さんを連れていってくれたのだった。

その当時、北海道でお菓子がもっとも売れたのは、どういう場所だったのだろうか。

竹田さんにも意外だったのだが、それは炭鉱町だったのである。

だが問屋の社長のお供をして炭鉱町に連れて行ってもらうと、事情はすぐに飲み込めた。炭鉱労働者が一日の重労働のあと、疲れを癒すために、みんな争うようにして甘い物を大量に買い求めていたのである。炭鉱労働者の賃金水準は、当時の平均的な所得に比べると非常に高く、決して安くはないお菓子でも飛ぶように売れて行くのだった。

かりんとうでもせんべいでも、一斗缶単位でドカドカ売れていく様子を目にして、竹田さんは認識を一新した。一斗缶の容量は十八リットル。炭鉱のほんの小さな購買部で、石油缶ほどの大きさの缶に入った江戸揚げや短冊あられなど、お菓子というお菓子が飛ぶように売れていたのだ。

これなら成功間違いなしだ、と竹田さんは確信した。まだこの時、竹田さんは気づいていなかった。自分が、ある重要なポイントを見落としていることに。

竹田さんはさっそく地主を口説いた。権利金まで延べ払いという破格の条件で三百五十坪の土地を借りることに成功したのである。

竹田さんは言う。

「六十万円ポッチでは、工場を立ち上げるにはまったく不十分です。誰かから権利金を借りなければなりません。しかし、知人もいない土地ですから、二十二歳の若造に、担保も保証人も何もないのにお金を貸してくれるような人なんて見当たりません。そこで地主さんを口説いたんです。権利金が入る相手は地主さんなんですから、そのお金を借りればいいじゃないか、と考えたのです」

逆転の発想である。ついに根負けした地主さんは貸してくれたのだった。二年間は権利金に対して元金据え置きで、年利十二%の利子だけ払うこと、その後、八年間の分割で借りたお金を返済すること、という条件である。

そんな苦労をしなくても、第三者的に見れば、もっと狭くて安い土地を借りれば良いようなものだとも思えるのだが、「土地は最初から広い土地を用意しておかないと、あとから買い増しすることは絶望的に困難だということは、すでに経験していましたからね」と竹田さんは笑うのだった。

それにしても、三百五十坪と言えば、名古屋の本社工場の三倍の広さである。

手つかずの六十万円はそっくり地元の北海道拓殖銀行に預金した。そしてそれを元手に会社を設立し、さっそく竹田さんは支店長に百万円の借金を頼みこんだ。担保も実績も何もない中での借金の申入れである。

支店長から見れば、竹田さんはまだ二十二歳の若造だ。だが支店長も、やがて竹田さんの熱意に打たれたのであろう。

「あと半年以内に倒産したり、しないだろうな?」と支店長は聞いた。

「するわけありませんよ。でもどうして半年なんですか」

と竹田さんが聞くと、

「いや、実はワシはあと半年で定年なんだよ」と笑う。

さすが、としか、言いようがない。

さすがは北海道を開拓することが目的の銀行だ。だからこそ、支店長も、まるで孫のような竹田青年の大きな夢に一口乗ってくれたのかも知れない。しかしこの支店長とめぐり合っていなければ、竹田さんの北海道進出計画も、どうなっていたか分からないのだ。

資金は一円も無駄にはできない。そこで竹田さんは地元の大工さんと仲良くなって、直接いっしょに山に行き、エゾヒノキの立木を切って購入するところから建築作業を始めたのだった。

なにしろバラック工場を建てることなら、竹田さんは終戦直後から何度も経験をしていて、お手のものである。

一気に工場を立ち上げ、その年の暮れには商品の第一号を出荷するところまでたどりついた。第一号の商品は、細長い「ロングボーロ」という商品である。和平さんが北海道にはじめて足を踏み入れてから、新商品の第一号を世に出すまで、わずか四カ月。

猛烈なスピードだった。

8 積み上がった注文書の山が、実は地獄の道の一里塚だった

北海道で一番の菓子問屋の社長が声を掛けると、北海道中の菓子問屋仲間が集まってきた。

竹田さんは新会社の設立のお披露目を兼ねて、定山渓《じょうざんけい》温泉にみんなを招待し、おおいに接待に努めたのである。

各地の菓子問屋の大将たちは、酒や食事に満足し、この前途有望な若者の人柄に満足した。

ご祝儀を兼ねて、つぎつぎに注文書が舞い込んだ。竹田さんは天にも昇る心地よさを味わった。それからわずか一カ月後には、天から一転、地獄の底へと無残に突き落とされる「運命の注文書」の束だとも知らずに。

とにかく注文は山のように積み上がっている。師走の忙しい中、何日もブッ通しで昼夜フル稼働でボーロ菓子を焼き続け、竹田さんはようやく年内に、すべての注文書に応じることができたのだった。

だが商売とは、商品を納品しただけでは終わらない。無事に売上金を回収し、次の注文につなげてはじめて成功と言えるのが商売だ。

明けて一月十日のことである。竹田さんは小樽市に出張した。目的は小樽市内の十軒の菓子問屋から売上金を回収し、次の注文を受け取ることだ。だがそこで竹田さんは、あってはならない光景に遭遇し、愕然とする。

訪れた問屋の倉庫には、ほとんど売れないままの「ロングボーロ」の箱が、虚しく山積みになっていたのである。

菓子業界には、返品の習慣がある。ここで売上金をもらうこともできず、返品を押しつけられたりすると、たちまち竹田さんの会社は倒産だ。竹田さんは真っ青になった。必死で頼み込んだ。そして、初回でもあり、正月でもあり、納品した商品の売上だけは御祝儀代わりということで、なんとか回収させてもらったのである。

だが、次の注文を出してくれるような問屋は、一軒もなかった。

ピンチだった。どうしようもないほどの大ピンチだった。工場では昨年暮れの盛況を受けて、今でも見込み生産が急ピッチで続いている。竹田さんは震えながら、這うように工場に戻った。

工場はただちに操業を停止した。だがすでに、年末年始に見込み生産で積み上がった商品が、買い手のアテもないままに、工場や倉庫のいたるところに小山のように積み上がっている。滞貨の山を前にして、竹田さんの気持ちは真冬の北海道の空のように、ドヨーンと灰色に曇っていた。

何がいけなかったのだろうか。

なぜ売れなかったのだろうか。

いろんな人に話を聞いた。そして判明したことがある。

北海道の人は、そもそもボーロ菓子に馴染《なじ》みがないのだ。食べたことがないお菓子だから、消費者は誰も食指を動かそうとしなかったのである。

思えばこれまで恵まれすぎていたのかも知れなかった。竹田くん、竹田さんと、みんなから愛され引き立てられてきたのだ。

だが消費者は違う。

消費者は竹田和平という人柄を気に入って商品を買うのではない。あくまで商品そのものを、欲しいかどうかで選ぶのだ。

9　貧すれば鈍する

竹田さんが滞貨の山を前に、呆然としていたのもわずかの間だけだった。

行動しなければ、倒産だけが待っている。従業員に声を掛け、チンドン屋を結成して宣伝し、とにかくボーロという新商品を消費者に認めてもらう計画を立てたのである。宣伝しなければ、お客さんは目新しい商品には手を伸ばしてくれないと竹田さんは考えたのだ。

貧すれば鈍するという言葉がある。

竹田さんのチンドン屋作戦は、考えられるなかで最悪の作戦だったのだ。もしも本当に実行に移していたら、おそらく竹田さんの会社は初めての冬を越すこともできずに終わっていただろう。

奇策によって一発逆転を夢見るのは、追い込まれた事業家が共通して陥るワナである。

だが冷静な第三者の目から見れば、奇策を打っても、起死回生の作戦が果たして効くのか効かないのか、結果は最初からほとんど見えている。

起死回生の作戦が成功するかどうかは、ひとつのギャンブルにすぎない。だがギャンブルをするためには、まず賭け金をテーブルに積み上げなければならない。新たな作戦に打って出ることは、経営者にとって、キャッシュだけが最初に確実に流出してしまうことを意味するのだ。

本業に注ぎ込まれない無意味なキャッシュの流出の向かうところは、倒産の二文字である。

仮に作戦が効果を発揮し、売上が伸びはじめたとしても、売上が入金されるのは先の話だ。つまりキャッシュフローは一時的に、ますます悪化するのである。会社は立ち直る前にキャッシュが枯渇する期間を耐えなければならない。だがその危険な期間を、すでに苦境に陥っている会社が耐えて行けるのだろうか。

竹田さんは北海道の冬というものを軽視し過ぎてもいた。

厳冬期の北海道では、多くの子供が屋外で遊んでいるはずがなかった。にわか仕立てのチンドン屋で住宅街を練り歩いたとしても、音は屋内までは届かない。

チンドン屋作戦を実行に移しても、肝心の子供たちが集まってこなければ宣伝効果は決して見込めなかっただろう。

それでも竹田さんには、まだツキが残っていたのである。

竹田さんがチンドン屋の道具を名古屋の知り合いに手配したところ、噂は一気に名古屋の菓子問屋業界を駆け抜けた。そして竹田さんを心配して、問屋業界の青年会長がわざわざ名古屋から駆けつけて来てくれたのである。

「竹田くん。頼むから、バカなことはしないでくれ」

「バカに見えるかも知れませんよ。たしかに私はバカです。チンドン屋をするなんてね。だけど消費者がボーロ菓子を知らないのだから、こうやって宣伝して、地道に市場を広げるしか、もう生き残る道はないんです」

竹田さんは必死だった。睡眠不足と心労で真っ赤に腫れあがった目で頑張ろうとしている竹田さんを見て、青年会長は心を動かされていた。

「北海道が潜在的な市場だというのは、それはわかるよ。オレも同感だよ。だけどチンドン屋をして市場を開拓できる時まで、本当に運転資金は持つのかい」

いちばん痛いところを突かれて、竹田さんはグッと言葉に詰まってしまった。手元には、もはや、借金と、原材料の未払い請求書の山しか残っていなかったからである。

「だけど……どうせ潰れるのなら、起死回生で宣伝して……」と言葉に詰まる竹田さんに、名古屋の青年会長は優しく言った。

「メーカーさんに、直接そんな宣伝までさせるなんて、それは問屋の面目にかかわる問題だよ。オレが、これまで菓子問屋が行ったこともないような奥地まで行って拡販してくるから、とにかくチンドン屋だけはやめてくれないか」

「だけど、それでは会社がジリ貧で、潰れるのを待つだけで……」と弱気になった竹田さんを、青年会長は優しく励ました。

「いいかい。メーカーさんの仕事は何だと思っているんだい。売れる商品を開発するのがメーカーさんの仕事だろ。商品を売るのは、おれたち問屋の仕事だよ。北海道でもジャンジャン売れる新製品を開発してくれよ。宣伝販売なんてメーカーさんの仕事じゃないよ。心配するな。とにかくこの滞貨の山、おれが売り切ってくるよ。どんな山の中まで行ってでも売ってくるから。だからメーカーさんは、売れる商品を開発してくれよ。そして問屋を喜ばせてくれよ」

10　メーカーの仕事は「売れる商品を作る」ことだ

嬉しかった。ありがたかった。しかしこれ以上、ロングボーロが売れないことも十分に分かっていた。大至急、売れる商品を開発しなければならない。それこそが、迷惑を掛けた多くの人たちへの恩返しなのだ。

必死になって新製品を考えた。そしてクリームサンドに行き当たった。クッキーでクリームをはさんだ、おなじみのお菓子である。

竹田さんの持っている工場はボーロ菓子を焼くための工場で、クッキーは焼けない。しかし発想を転換して、ボーロ菓子でクリームをはさんでやれば、少なくとも見た目は消費者に馴染みのある形になるではないか、と思いついたのだ。

どんな味のクリームが良いだろうかと考えて、やがてパイナップル味のクリームというアイディアが突然浮かんだ。

何度も試行錯誤を繰り返して、新製品のプランが固まった。ボーロ生地に爽やかなパイナップル味のクリームをはさんだ「パインサンド」だ。大特急でボーロの焼き型を注文した。

青年会長の訪問から三週間。試作品はできた。

あとは、消費者がパインサンドを受け入れてくれるかどうかだった。もはや時間も資金も残っていなかった。売れなければ、なにもかも今度こそおしまいだ。

三月十日。祈るような気持ちで新製品のパインサンドは出荷された。

これが爆発的に売れたのである。

消費者はクリームサンド・クッキーの変わり種だと思って買う。食べてみる。これまでにない軽くて新鮮な歯触りの味だ。おいしい。誰もがそう思う。もっと買う。友だちにも勧める。良いサイクルが急回転しはじめる。こうして爆発的に売れたのである。

急いで三十人の従業員を雇い入れた。十人が製造し、二十人掛かりで包装をする。工場の増設にも取りかかる。幸いにも、工場の敷地は名古屋の工場の三倍の広さを確保してある。

勝利の方程式を見つけてしまえば、あとは一気だった。

勢いに乗って、バニラクリームをはさみ、パインサンドの三倍の大きさがある「ひまわりサンド」と名付けた商品も発売した。

これも売れに売れた。

やはり北海道は甘味に飢えていたのである。竹田さんの読みは正しかったのだ。借金を返し、工場を増設し、多くの人に恩返しをすることができた。

そしてわずか二年後には、この工場は、まだ二十四歳の竹田さんに、実に一千万円という純資産をもたらしてくれていた。

商品が市場から受け入れられなかった時に、市場を変えることは困難だ。世の中に受け入れられなかった時には、どんなに辛くても市場から受け入れられるように自分を変える以外に方法はない。商売人も商品も、世の中から受け入れられる努力を欠かせないのだ。

この貴重な経験は、竹田さんに、市場経済の世界で生きるための重要な教訓を与えてくれたのである。

六十万円を懐に、お父さんのもとから独立して、丸二年。

たしかに竹田さんは成功の絶頂に立っていた。

だが、成功の絶頂に立ったばかりの竹田さんに届いたものは、思いがけない緊急連絡だった。

11　体がふたつ欲しかった

名古屋から届いたのは、お父さんが倒れて、入院したという連絡だった。取るものも取りあえずお父さんのもとに駆けつけた和平さんだったが、すでにお父さんは昏睡状態に陥っていた。もともと酒好きで、肝臓を悪くしていたのだが、和平さんが札幌に去ってからなお一層、酒に溺れるようになり、そしてついに倒れたのだという。

菓子屋とデキモノは、大きくなったら潰れると言いつづけていたお父さん。そのお父さんの方針に反発し、お父さんの元を去って二年。未知の土地に、はるかに大きな菓子メーカーを作り上げ、ようやくお父さんを越えたという充実感を抱いていたからこそ、なお一層、竹田さんの気持ちは複雑だった。

家族みんなが再会した時、すでにお父さんには意識がなくなっていた。家族の必死の看病も虚しく、ついに一度も意識を回復しないまま、この世を去ってしまったのである。

竹田三松さん、五十二歳。あまりに早すぎる死であった。悲しむ間もなかった。竹田家の長男、二十四歳の和平青年の肩に、札幌の会社と名古屋の会社の責任が、両方ともズッシリと、のしかかってきたからである。

竹田さんが名古屋を去って、まだわずか二年しか経っていない。だが二年前に、突然、竹田さんを欠いた名古屋の会社では、帳簿を監督できる者が一人もいなくなっていた。竹田さんが調べてみると、お父さんが信用して経理を任せっ切りにしていた番頭が、好き勝手、メチャクチャに会社の金を横領していたのである。

竹田製菓の社長を継いだ竹田さんは、札幌の会社を監督しながら、名古屋の会社の経営も見なければならなくなったのだ。

名古屋の会社では、主力商品もいつの間にか陳腐化し、売れ行きが落ち込んでいた。競争は激化し、前の番頭の不正もあって、赤字経営に転落していたのである。信用して任せられる人がいないことは、なんと辛いことなのかと竹田さんは思った。

名古屋空港から羽田空港へ、そして乗り継ぎの夜行便で札幌へ。まだまだ遅いプロペラ機の時代である。毎週毎週、睡眠時間を削って移動にあて、名古屋と札幌を往復しながらの仕事である。ハードな日々だ。

札幌の会社を一層、発展させるための手を考えながら、不振に喘ぐ名古屋の会社の経営の建て直しも急がねばならない。

しかしその時、名古屋の会社では泣き面に蜂の事態が発生してしまう。

先代社長の時代に取引があった大手銀行各社が、竹田和平青年が社長に就任した直後から、次々に取引の縮小へと動いたのである。きっかけは、ある取引先の破綻だった。

「僕の取引先と銀行との間に深刻なトラブルがあるらしいという話は、噂で聞いてはいたんです。要は資金繰りの問題ですよね。

だけど僕が銀行側に、この取引先の信用状態について尋ねても、その取引先なら大丈夫ですからと銀行側は平然と答えたんです。その言葉を信用して銀行に手形を渡したら、銀行は、なんと、僕の取引先には手形を渡さず、手形を勝手に差し押さえてしまったんですよ。

おい、いったいどうしたんだと銀行に言うと、これは滞っている支払いの担保に預かりますと、話がまるっきり違うんです。それで先方は潰れてしまいました。

そりゃ、危ない取引先だからといって、銀行が『大丈夫じゃないです』などと答えたりしたら一大事だということぐらいは分かっていますけど、銀行って、自分たちだけは絶対に損しないように立ち回るんですね。だからこそ銀行なんですけど。だけど、どうしても納得できませんよね。

支店長と大喧嘩ですよ。僕も若かったんでしょうね」

まだ二十四歳、元気盛りの若者の体だったが、これほどの心労、これほどの激務の連続のために、ついに限界点を超えてしまった。猛烈なアレルギー症状が竹田さんを襲うようになり、どんな治療をしても一向に良くならず、やがて竹田さんの一生の持病となってしまったのである。

それでも名古屋の会社には、ミルクサンドを始め、札幌の会社で成功した製品をヒントに開発した新製品を次々に投入し、なんとか経営の危機は回避したのだが、もはや札幌へ出張することはムリになってしまった。

しかたがない。札幌の会社の経営は、札幌に置いてきた番頭に任せるしかない。だがやはり番頭は番頭である。オーナーではなく株主でもなく経営者でもない。言われたことをやるだけである。新製品を開発するよう命じても、開発した新製品をヒットさせることができないのだ。

札幌の会社が傾き出す。支援しなければならない。そこで名古屋から新製品の丸ボーロをどんどん送り、札幌側はそれをただ販売すれば済むようにとまで手配したりもしたのだが、札幌側にはその売上金を名古屋に送り返してくるだけの余力も消えてしまった。

あれほど儲かっていた会社を置いてきたのに、なんということだろう。わずか二年で赤字会社に転落し、せっかくの蓄積を食いつぶす一方になってしまうとは。

これはまずい、と竹田さんは思った。打開策はないのだろうか。

自分が名古屋にいないと名古屋がダメになる。札幌を離れると札幌がダメになってしまう。だが体はひとつ。トンボ帰りで両方を経営することも、もうできない。どちらかに焦点を絞る必要がある。だが、いったいどちらに焦点を絞るべきなのだろう。

ゼロから立ち上げて、愛着のこもる札幌か。家族や親戚がいまでも働いていて、歴史のある名古屋か。

考えに考え、竹田さんは結論を出した。

家族や兄弟や、お父さんの思いを消すわけには行かない。やはり名古屋を主力にしよう。

12　業界の重鎮は、竹田青年をブン殴った

おりしも、オートメーションという言葉が流行を始めていた。大資本の製造業では、ベルトコンベアー方式による流れ作業と機械化によって、生産性が劇的に向上しているという。

もちろん菓子業界には、まだオートメーション化した企業はない。最新式の焼き釜を導入したりして積極的に設備投資をしていた竹田製菓ですら、原理的には従業員が手作業でお菓子を焼いていたのである。そして、それが菓子業界の常識でもあったのだ。

二十六歳の竹田社長は、調べれば調べるほど、オートメーション化以外に菓子メーカーの生き残る道はないと感じるようになった。だがそのためには、わずか敷地面積百二十坪の今の工場では、どうにもならない。

しかし零細企業の多い菓子業界の意識は遅れていた。お菓子を機械に作らせるなんて、なにごとだ、と同業者たちは一様に非難した。竹田さんの野心的な計画を、

単なる分別の欠けた若社長の若気の至りと見たのである。

そこそこの仕事をして、そこそこ裕福に暮らせるなら、なにもわざわざ冒険をする必要なんてないと同業者たちは考えていた。それは今は亡き竹田製菓の先代社長にも共通する考え方だった。菓子屋は大きくなったら潰れる、という固定観念である。

名古屋の菓子業界では、長年、右肩上がりの時代が続いたので、菓子業界への参入者は多くても、みんなが十分に食べていけるだけの豊かなマーケットがあり、和気あいあいと、誰もがそこそこ儲かっていたのである。

しかし日本が高度成長時代の入り口に立つ中で、お菓子の需要は頭打ちとなった。市場の環境は一変し、競争は一気に激化した。食うか食われるかの時代に突入したのだ。

竹田さんには切り札があった。札幌の資産である。

札幌の会社は経営不振に陥っているが、それでもまだ今なら札幌から一千万円ぐらいなら資金を引き揚げて来ることは可能だった。勝負するなら今しかない。

全長五十メートルの製品ラインを収容できるオートメーション化工場を作ろうと、竹田さんは計画したのである。新工場に必要な土地の値段は八百万円。工場の建物は木造で百万円。いずれも札幌工場から持ってきた自己資金で賄うことができる。オートメーション式の機械は、機械メーカーに何度も直接足を運び、奪い取るようにして最新鋭のものを購入することができた。

たしかに機械の代金は借金だったが、

「あんなムチャして、売れやせんぞ」

という同業者たちの冷たい視線にもかかわらず、彼らが想像したほどの過大な負債を抱えたわけではなかったのである。

実はこの頃、日本の構造が大きく変化しようとしていた。大阪で産声を上げたスーパーマーケットが、日本中のあちこちに急速に勢力を広げ始めていた。駄菓子屋の店頭で、お菓子を量り売りで売るという時代は、終わろうとしていたのである。

竹田さんは、オートメーション化した機械を使って、タマゴボーロを焼くことを決心したのだった。

実は、お菓子がまだ駄菓子屋の店頭で量り売りで販売されていた時代には、タマゴボーロはあまり売れない商品だった。タマゴボーロを一斗缶に入れて駄菓子屋に出荷しても、駄菓子屋の店頭で売るためには、お店の人がいちいち量らねばならない。一個いくらで売れる他の商品とは違って、駄菓子屋にとっては面倒臭い商品である。吸湿性が強いという弱点も問題だった。

しかしスーパーがセルフサービス方式の売り場を展開するのに大きな興味を抱いていた竹田さんは、タマゴボーロこそ袋菓子として販売するのに最適な商品だと考えたのである。

八十グラム一袋で三十円。駄菓子屋では売れなかったタマゴボーロだが、袋菓子として登場したタケダのタマゴボーロは、猛烈に売れ始めた。

昭和三十四年に新発売してから、毎年毎年、実に七年間にわたって、売上が対前年比百四十％を下回ることがないという急拡大を遂げたのだ。そしてこのタマゴボーロの大躍進のおかげで、竹田製菓は町の零細な菓子屋から、近代的なお菓子メーカーへと変貌を遂げることができたのである。

考えてみればタマゴボーロという商品。これほどオートメーション化に向いた商品は、そうめったにない。焼くためには細かい単純作業を必要とする商品である。出来上がりは均一に整っていなければならない。人間がいちいち手作業で焼いたのでは疲れ果ててしまうだろう。文句も言わずに働く機械が大量生産するのにお誂《あつら》え向きの商品だったのである。

自動的に重さを量って袋詰めするという点ひとつを考えても、一粒一粒が小さなタマゴボーロほど適した商品はなかったのだ。

竹田さんは言う。

「お菓子の世界は、すでに過去半世紀にわたってデフレでした。今、世間ではデフレデフレと騒いでいますが、それでも五年間でわずか二％しか消費者物価は下がらなかったですよね。

しかしお菓子の世界は違いました。消費者物価は上がっても、お菓子の値段は逆にどんどん下がり続けたのです。過去五十年間で上がったのは、オイルショックの時ぐらいです。しかしオイルショックの時に一時的に跳ね上がった値段も、すぐに元の水準にもどってしまいました。

値段が上がらないので、分野ごとに成功した者が市場を寡占する、そういう時代へと急速に世の中が変わってしまったんです。勝負に勝っても辛いですよ。これまで市場を分け合っていた知り合いを駆逐しなければ生きていけないのですから。

新しいオートメーションの装置を導入した時、ぼくは父の友人だった人に頭をブン殴られました。こんなやり方でお菓子を焼くとは何ごとだってね。心がこもっていないというのでしょうね。ぼくは心をこめて製品を作っているつもりなんですけどね。でも時代は変わったんです」

タマゴボーロは、単に小売り商品として売れただけではなかった。多くの菓子メーカーから、チョコレート菓子の芯《しん》など、業務用として使うための需要も殺到したのである。あふれる利益を、竹田さんは徹底的に設備の拡張へと再投資して行った。

こうしてタマゴボーロの分野で、ついに竹田製菓は全国シェアの実に六十％を獲得するに至ったのだ。

新しい名古屋工場によって近代的なメーカーへと脱皮していたころ、札幌の会社は地元の競争に負け、ジリ貧状態に落ち込んでいた。大きな負債を抱えて、もはや収拾がつかなくなっていた。

あんなに儲かる会社を置いて行ったのにと悔やんでも仕方がない。

札幌で手焼きの作業にこだわっていたのには、それなりの理由もあった。

手焼きには手焼きのメリットがある。

オートメーションとは違い、企画から商品化まで、最短たったの二週間で対応できるという点である。型さえ取り替えれば、いくらでも新製品が作れたのだ。

ヘルシンキオリンピックの時には万国旗を型取って「オリンピックボーロ」を作った。野球がブームになれば「ホームランボーロ」を作り、赤ちゃんボーロだのなんだのと、ブームに乗っては次々に新製品を出せる態勢は、小回りの効く手作業ならではのメリットだった。

しかしどんなに便利な環境があっても、雇われ者の経営者はしょせん雇われ者に過ぎないと、竹田さんは痛感したのである。

首を賭けて冒険することを雇われ者に要求するのは、要求する方が間違っている。

こうして札幌工場は、持てる能力を十分に発揮することもないままに、ズブズブと赤字の渦に落ち込んで行ったのだ。

タラ、レバを言うのは無意味なことだ。だがもしも竹田さんが札幌にいたら、札幌の会社は近代メーカーに脱皮し、高収益を上げていたかも知れない。その代わり名古屋の会社は競争に敗退して壊滅していただろう。

昭和三十八年。三十歳になった竹田さんは、ついに青春の思い出がいっぱい詰まった札幌工場を閉じる決断をしたのだった。

幸い、過去八年間で札幌では土地の値段が大きく値上がりしていた。工場の土地は賃借だったが、その賃借権もまた値上がりしていた。借金にまみれていたはずの札幌の会社だったが、賃借権が高値で売れたおかげで、ほとんど損することもなく、無事に清算することができたのである。

僕はどこまでもツイているな、と竹田さんは心の底から思ったのだった。

第3章　投機から投資へ、そして日本一の花咲じいさんへ

1 株の初心者が必ず陥る共通の穴、四勝一敗でも儲からない理由

札幌時代には、竹田さんはまだ二十歳《はたち》代で遊び盛りでもあった。仕事は忙しくても、会社がひとたび軌道に乗ってしまえば、金回りのよい新進気鋭の青年実業家である。遊びもお酒も決して嫌いではない竹田さんは、ススキノの夜の繁華街で、きっとモテたに違いない。

だが、札幌で初めて覚えたもう一つの楽しみがあった。それが株式投機である。今でこそ、じっくり腰を据え、割安に放置された株を発掘して長期投資するのが竹田さんのスタイルだが、最初に株に手を染めた時は、多くの株式初心者同様、竹田さんも御多分に漏れず、株式市場のなんとも言えないギャンブル性に魅せられたのだった。

証券会社の支店長は名古屋出身でもあり、竹田さんとは非常にウマが合ったという。彼が推奨する株は、五銘柄のうち四銘柄ぐらいは値上がりするという具合で、たしかに優秀な株屋だったに違いない。

竹田さんは、このころ毎日毎日、株価の上がった下がったに一喜一憂し、新聞の株式欄が気になってしかたがない状況だった。おそらくこの本の読者の方も、多くの方が一度は経験されたに違いない投資の初心者がたどる道である。

竹田さんも、セールスマンが推奨する株のうちから、カンと度胸を頼りにして、勢いの良さそうな株にワッと飛び乗るという、今にして思えば、まったくの投機をしていたのである。

勝率八割のセールスマンと言えば、優秀な人のように思える。だがある時、フッと竹田さんは我に返ったのだ。

せっかくこれだけ勝率が良いのに、どうして儲からないのだろうか、と。

だいたい四勝一敗で、回数から言えば大きく勝ち越しているのに、それでも気がつくと元の木阿弥《もくあみ》の繰り返しなのである。四回勝っても、あと一回の負けで、それまでの勝ちを全部やられてしまっているのだ。

いったい何が原因なのかはわからないが、コツコツ勝って、負ける時には派手に負けてしまうことの繰り返しなのだ。

頭だけで考えれば、負ける時には手早く損切りすれば済む話じゃないか、と思うかも知れない。どんな株の本を読んでも、損切りの大切さは強調されている。だが、実戦になると話は違う。いきなりの大敗を防ぐ方法が見当たらないのだ。

よくよく考えてみると、自分が株でがんばっているのに、大きく儲けているのは自分が払う手数料を受け取る証券会社だけなのだ。

これはいったいなぜなのだろう。竹田さんは考えた。

そして、ふと気がついたのだ。ほかの人と同じことをしていても、自分だけが勝てるわけはないよなということに、である。

竹田さんには本業がある。会社のトップが日中に証券会社に入り浸ったり、株のラジオ中継を聞き続けたりするわけには行かない。証券会社の店頭に一日中たむろしている株マニアのようにチャートを何十枚も書き続けるなんて不可能だ。

しかし実際に株式市場の土俵上では、一所懸命に研究している人でも、自分でも、まったく同じお金を賭けている。

だとしたら、必死になってチャートを研究している人を差し置いて自分が勝てるチャンスはきっと薄いに違いない。しかも証券会社の店頭にたむろしている「自称・チャート研究の大家」のなかで、チャートのお陰で一財産を築きましたという人には、いまだ一度も出会っていない。

自分がチャート研究の大家に勝てないのは自分の勉強不足が原因だとしても、一日中研究ばかりしている人たちですら儲けられないのは、いったい何が原因なのだろう。この人たちは必死で勉強しているはずなのに、この人たちでも勝てないのだとすると、自分だけが勝てるようなチャンスなど、果たして存在するのだろうか。

……このように冷静に第三者の視点から自分自身を観察できるようになるまでに、実に十年間の株式投機の経験が必要だったと竹田さんは言う。そして、竹田さんはついに自分だけが持っている強みを発見し、日本一の大投資家への道を歩みはじめるのだが、それはまだまだあとの話である。

しかし、若い頃から株式相場に興味を抱き、数限りない相場の変動を身をもって体験してきたことが、竹田さんにとって、大きな財産になったことは事実である。

相場を知っていたからこそ、いつまでも右肩上がりの相場はなく、いつまでも右肩下がりの相場もないという冷酷な事実を、あるがままの事実として受け入れることができたのだろう。

竹田製菓がタマゴボーロのオートメーション化以来、毎年毎年、対前年比で百四十％以上という大躍進を続け、やがてタマゴボーロの巨人に成長していた時でも、竹田さんは、右肩上がりが永遠ではないという教訓を、決して忘れることはなかった。

株式相場で何度も何度も経験した出来事。相場が崩れるのは、ある日突然だということを。まったく何の前触れも予感もなく、昨日まであれほど強かった相場がヘナヘナと崩落する。その不思議さと恐ろしさと勢いを。

だから竹田さんは決心したのかも知れない。今後、竹田製菓の投資については、いつでも返せる資金の範囲内に収めようと。

設備投資の需要は、年がら年中あるわけではない。ある時、一気に必要になり、それから長い間、回収のための期間がある。しかし設備投資をしない時でも、余剰資金は何かで運用しておく必要がある。中小企業では優秀な人材を確保することは難しい。資金需要の山と谷とを埋めることもまた難しい。だがそれなら、日本中から優秀な人材を集めている代表的な大企業に分散投資すれば良いのではないか。

竹田さんが、四勝一敗の株式投機を卒業し、資金運用のための大企業への分散投資に踏み込んだのは、こんな分析が元になっていたのである。

ちょうどそのころ、タマゴボーロの成長も、ついに天井に突き当たった。注文の伸びに、急ブレーキが掛かったのである。

タイミングが悪いことに、竹田製菓は直前に犬山市に広い土地を手当てし、新工場には全長百八十メートルという巨大な生産ラインが完成したばかりだった。投資としては最悪のタイミングである。もしもすべてを借金で作っていたなら、竹田製菓は、ここで終わっていたかも知れない。昭和四十年のことだった。

2 上がってよし、下がってよしの株価かな

東京オリンピックの翌年、昭和四十年のことだった。日本経済を、なんの前触れもなく証券恐慌の突風が吹き荒れたのである。

山一證券が崩壊し、株式市場は大暴落。倒産した企業は空前の数に達し、政府日銀が山一證券に特別融資をするとともに、ついには上場株式を公費で買い取ることまで実施するという、恥も外聞も省みない救済劇が演じられたのである。

こうして政府のご威光によって救われた山一證券は、そのことをトラウマとして抱え続けたまま成長路線を突っ走ったあげく、再び平成九年に危機に陥る。こんどは政府も救済する気はなく、日本中を金融恐慌の渦に巻き込みながら自主廃業に追い込まれたことは、後日談である。

幸い昭和四十年の証券恐慌のさなかでも、竹田製菓は無事だった。竹田製菓は犬山工場という大きな投資をした直後ではあったものの、身の丈経営を続けており、必要な投資は十分な内部留保で賄っていたからであった。

株式相場の暴落劇とは違って、タマゴボーロの需要は、伸びこそ完全に止まったものの、縮小に転じたわけではなかった。それが幸いしていた。

世間では優良企業の株価が、軒並み、大暴落している。この機に株の買い増しを進めた結果、竹田さんの持ち株は大きく増えていたのだった。

このころから、竹田さんはある言葉を好んで口にするようになる。

「上がってよし、下がってよしの株価かな、ですよ。株価が上がれば単純に嬉しいけど、下がれば買い増しのチャンスですから、それもまた嬉しいのです。焦る必要はない。優良な企業が相手なのですから」

証券恐慌と、それに続く不況が終わると、こんどは一転して日本は戦後最大最長の好景気、いざなぎ景気に突入する。そしてドン底で買っていた優良株は軒並み大きく値を上げて、竹田さんは溜飲を下げたのであった。

だが世間は好景気を謳歌していても、お菓子の需要に限って見ると、もはや市場の拡大は終わっていた。もうお菓子の時代は終わったのかも知れないな、と竹田さんも思わざるをえなかった。

そこで世間がいざなぎ景気に酔いしれていた五年間、竹田さんは新たな投資先を研究しながらも、自社のお菓子作りの分野では新たな投資に打って出ず、冒険を避けて堅実な商売に徹していた。そして気がつくと社内には、かつてないほどの内部留保が積み上げられていたのである。

お金というものは、常に何かに投資し続けなければ生き続けることができない、ある意味で厄介なシロモノである。もう終わるだろうと思っていても、いつまでたっても好景気は終わらない。もしかしたら、この好景気というのは永遠に続くのではないだろうか。ひょっとして……と、積み上がっていくお金の圧力に押され、やがて竹田さんの景気に対する見方が、徐々に変わって行った。

大阪で万国博覧会が開かれる昭和四十五年に入っても、いまだ好景気には陰りも見ることはできなかった。そろそろ何かに投資したいと焦りはじめていた竹田さんは、そのころブームの兆しを見せていたボーリングに目をつけたのである。

さっそく、近くのボーリング場に視察に行って、驚いた。

すさまじい熱気だった。客はどこまでも行列し、三時間待ち、四時間待ちなど当たり前という状態だったのである。

3　バブルの渦に落ちた時、考えるべきヒント

竹田さんが、これと決断した時のスピードは、北海道時代から、いささかも衰えていなかった。

昭和四十五年の二月三日に、生まれてはじめてボーリング場の視察に行き、十三日後にはもうボーリング場の予定地に目星をつけ、買収を始めていたのである。

竹田さんが狙った土地は、広い道路に面する田んぼだった。そこには、合計十七名の地主がいた。目的の土地を買収するために、竹田さんが最初にしたこと。それは目的地の近所をまわって、田んぼを手放したいと思っていた地主から、田んぼを購入したことである。

目的の区画の買収については、申し出に応えてくれた地主もいたが、渋る地主も当然いる。そういう地主には、もとの面積の五割増しで、新たに買ったばかりの田んぼとの交換を持ちかけたのだ。

この方法は、かつて竹田さんが名古屋工場の裏の土地を買収するために編み出し

た方法の応用そのままである。

五割増しという数字に根拠があったわけではない。相場から言えば、もっと少なくても良かったのかも知れない。だが、竹田さんの目的はスピードにあった。なるべく早く、すべての土地をまとめ上げられれば、それだけ資金効率は向上する。少々、買収コストが高くついても、結局その方が儲かると竹田さんは考えたのだ。

田んぼを耕している人の気持ちを考えると、場所は少々移ってもいいから、広い田んぼを耕したいと思っている。その本音にキチンと応えられたのが成功の理由だったのだろう。偶然だが、買収に取りかかったのが農閑期で、まだ田植えなどの作業が始まっていなかったという点も一つの勝因だろう。竹田さんの誠実そうな交渉態度も、どれほど大きな武器になったか知れない。

こうして、すべての地主からの合意を、竹田さんは一気に取り付けることに成功したのだ。

次はボーリングの機械の手配である。この機械は、ある大手商社が一手に輸入権を独占していた。ブームのまっ最中だから、いろんな業者から購入のオファーを受けていて、商社は実に強気の商売をやっていた。

こんな時には相手の言い値で買うのがいちばんである。すでに納入先がほぼ決まっていた機械を見つけ、値引き交渉をいっさい省き、ほとんど無理やり奪い取るようにして、ボーリングの機械の手配を間に合わせたのだった。

建物の工事の時期でもツイていた。建設業界は、世間よりも一足早く、不況に突入していたからである。大阪万博の建設ブームが、すでに終わっていたからだ。

このため、ふだんなら絶対に一見の客など取らないはずの大ゼネコンが、竹田さんのボーリング場建設を、しかも安い値段で引き受けてくれたのだった。

こうして思い立ってからわずか十カ月。早くも竹田さんのボーリング場はオープンしたのである。

この当時、一ゲームは三百円だった。それから四十年近く経った平成二十年現在でも一ゲームの値段は五百円程度だということを考えると、当時のゲーム代は相当に強気の値段だったと言えるだろう。

それでも毎日毎晩、行列が絶えることはなかったのである。

開場時間をどんどん繰り上げ、朝六時からの営業という態勢を整えても、実際にはお客さんは朝の五時半には集まって来ている。終了時間も深夜二時まで繰り下げて、しかも実際には最後のお客さんが帰るのは午前三時を必ず過ぎていた。

このころ、一レーンあたり一日平均で九十ゲームも稼働していたという。ボーリングをしたことがある人なら、その数字がいかに凄いことなのか、そしていかにブームが燃え盛っていたかを感じることができるだろう。

大繁盛である。

このころボーリングは、オシャレで進んだ人がする、新しくて知的なスポーツという印象が強かった。自家用車を持っているサラリーマンやお嬢さんたちが、車でやって来て遊ぶスポーツであって、けっして疲れた労働者たちの暇つぶしではなかったのだ。

ゲーム代も決して安くなかったが、人々は新しくて楽しいことには熱狂する。それがブームというものである。

しかしさすがの竹田さんでも、この熱狂的なブームが、実は底の浅い一過性の、まさに単なるブームに過ぎないという点までは読めなかった。自分の経営するボーリング場で名古屋市の東西南北を完全に包囲してやろうというところまで、どんどん構想は広がっていったのである。

4　売上が二十五分の一に激減しても生き残る法

ブームは、それが勢い良く燃えていれば燃えているほど、火が消えた時の落差は激しい。竹田さんは株式相場でブームの恐ろしさをさんざん経験していたはずなのだが、それでもやはり渦中に巻き込まれていると、自分が見えなくなってしまったのだろう。

二軒目のボーリング場の土地の買収交渉をしていた時、いきなり、あっけなくも突然にブームは終わってしまったのである。

あれほど多くのお客さんが集まっていたのがウソのようだった。昭和四十六年のピーク時に比べて昭和四十八年には来客数は七割も減り、売上は前年の三分の一以下に落ち込んだのである。まさにガタ落ちだった。

しかし客足が七割も落ち込んでも、それはまだまだ地獄の一丁目に過ぎなかったことを、竹田さんはやがて思い知らされることになる。

とにかくお客さんの減少を食い止めなければならない。ミスボーリング・コンテストとか、なんだとかかんだとか、いろんなイベントを企画して、必死で客足を呼び戻そうと頑張った。だが、お客さんの減少にはまったく歯止めが掛からないのだ。

減っていた客数は、翌年にはさらに前年比三分の一に減少した。さらに翌年も、そこから比べて三分の一に減少し、その翌年もさらに三分の一に落ち込んだのである。

ついに昭和五十一年、五年前のブーム当時と比較して、お客さんがわずかに二十五分の一しか来ないという悲惨な数字を記録したのだった。

バブルは崩壊した。跡形もなく崩壊したのだ。

どんな商売であれ、売上が二十五分の一にまで減少してしまえば、潰れる以外には道はないというのが世間一般の考え方だろう。どれだけ早く損切りするかが勝敗の分かれ目だというのが、普通の人の考え方だ。

だが竹田さんは決心していた。なんとしても生き残ってやるのだと。

イベントだの企画だのと、無駄な抵抗をしても、もはや意味はない。そこで支配人一人を残して、従業員全員に辞めてもらった。お客さんが来てから初めて電気を点けることにして、ふだんは真っ暗に電気を落としておくように指導した。

掃除も、接客も、たった一人の支配人でも、やってやれない仕事ではない。機械の日常整備も、支配人に勉強させた。レーンも大部分を仕切ってしまい、数レーンだけ掃除し整備をすれば良いようにしたのだ。

それだけ節約していても、一日十万円の固定費が掛かる。しかし一日十万円の固定費に対して、売上が、たった五千円という日まであったのだ。

「竹田は潰れたらしいぞ」という噂が、説得力を持って、急速に広がった。

もちろん、借金はしている。しかし、それに見合うだけの内部留保の裏付けはある。そう簡単には潰れるはずがない。だがボーリングのバブル崩壊は、実に暴力的だった。

ボーリング場を畳む以外に、もはや方法はないと誰もが思っていたその時、竹田さんは、誰も想像しない、思い切った作戦に出たのである。

潰れてしまった同業他社のボーリング場を買いはじめたのだ。

竹田さんは言う。

「そのころ僕は、人間ネコ説というのを唱えたんです。人間というのは、なぜか玉遊びが好きで、野球だとかパチンコだとかピンポンだとかゴルフだとか、みんな玉遊びでしょう。今は人気がパチンコという小さな玉に向かっているけど、これはやがて、きっと再び大きな玉遊びに人気が戻ってくるはずだ、という一種の読みなんですけどね」

倒産してしまったボーリング場は、他には使い道がない。建物を撤去しなければ駐車場にだって使えない。鉄筋コンクリートの建物だから、解体する工事費だけでも相当なものになる。

だからボーリング場の管財人は、建物と機械一式を含めて土地値で買おうという竹田さんの申し出に、一も二もなく喜んで飛びついてきたのである。

竹田さんの計算はこうだった。

新しくボーリング場を作るとすると、一レーンあたり、ボーリングの機械が五百万円もかかる。建物にも同じく五百万円掛かっている。土地をまとめるのにだって、相当のコストが掛かっているはずだ。それらを一式、無料で手に入れることができるのである。

コストがゼロでスタートしたのなら、いつか再びボーリングブームが再興し、日が昇る時まで耐えるのも辛くはないだろう。

これは実は株式投資でいうところの「ナンピン買い」そのものである。

株式投資に十分な経験をしてきた竹田さんにして、はじめて可能な方法だったのかも知れない。ブームの際にも決して全額を投資したりせず、十分な資金量を残している者だけに許される投資方法なのだ。

ご存じのように、残念ながらボーリングバブルの崩壊から三十年以上が過ぎたが、実際にはボーリングのブームが再燃する日は二度と来なかった。

にもかかわらず、竹田さんが中古で買い取ったボーリング場は、わずか七年半で完全に投下資金を回収することができたのである。

まったく意外な結果としか思えないだろう。

だが、これこそが経済原理というものなのだ。

多くのボーリング場が文字通り潰れてしまうと、竹田さんのボーリング場には、少ないけれど行き場を失ってしまった熱狂的なボーリングのファンが自然と集まり、かつてほどではないにしても、徐々に客足が戻ってきたのである。

まさに経営学の教科書通りの残存者利益というものだった。

自己資金の範囲内で行った投資だから可能になった利益である。借金によって行った投資では、決してこうは行かないはずだ。

今でも竹田さんのボーリング場では、あの当時、最新鋭式で人々の憧れだった機械が元気に稼働し続けている。手入れも給油も行き届き、ピカピカに輝き、毎日、キャッシュを産みだしつづけているのである。

物には適正価格というものがある、と竹田さんは考える。

それがどんなにブームでも、高すぎる物に投資していたのではモトは取れない。しかしどんな物であれ、それが生み出すキャッシュから逆算すれば、必ず適正な価格水準はあるはずなのだ。たとえ今の人々の常識からは、かけ離れて安い水準だとしても、かならず適正な価格水準というものは存在する。

ブームのために価格が高騰していれば、やがてブームは終わるだろう。ブームが終われば多くの人々に傷が残る。そしてみんなが羹《あつもの》に懲りて一斉に手を引くことだろう。

みんなが敬遠するようになれば値段は暴落する。投資してもペイする水準まで値下がりしてから、はじめて投資に乗り出せば良いのである。

ブームとは無関係に投資の成算をキチンと計算したうえで投資すれば、ブームとは無関係に投下資金を回収でき、失敗する危険は極小に抑えられるだろう。

これこそは、今の竹田さんの株式投資の姿勢にも一貫して共通する考え方である。

5　不況の時こそ、大失敗を逆手に取れる

昭和四十六年、アメリカのニクソン大統領が、突然、日本円の対ドル為替レートを大幅に切り上げて、日本中の輸出産業が痺《しび》れてしまった。

この時、竹田製菓には、もうひとつのショックが走り抜けていた。外国から導入した最新式の技術で作ったウエハース菓子の中に、虫が混入するという信じられない事故が発生したのである。

「日本は暑い国ですから、駄菓子屋の店頭には『コクゾウムシ』という小さな昆虫がいるんです。ぼくの会社は外国のブランドのウエハースを技術提携によって製造して、そのまま外国製の薄い包装紙に包んで発売したのですが、これが大失敗でした。

薄い包装では、この昆虫が勝手に小さな穴を開けて製品の中に潜り込んでしまうのを、まったく防げなかったのですね。

そのことが判明したときには、もはや完全に手遅れでした。一度でも虫入りウエ

ハースだと叩かれてしまうと、もう傷ついた商品イメージは二度と立ち直れないのです」

悪い話は千里を走る。スーパーが一斉に竹田製菓の新製品を撤去してしまったのだった。

せっかく導入した最新式のウエハースの製造ラインが宙に浮いてしまった。早急に、まったくイメージの違う新製品を開発しなければならない。

ウエハースの最大の顧客は和菓子メーカーだった。ウエハースを大きなシートのまま購入し、そこに餅や飴や寒天ゼリーなどをはさんで製品化していたのだ。

だから無味無臭に近く、自己主張をしないのが良いウエハースの条件だと思われていたのである。ウエハースは赤ちゃんのお菓子、あるいは病人のお菓子という印象が強かったのだ。

このイメージ、この市場構造を根本から変えなければならないと竹田さんは考えたのである。

どうだろう。思い切って、ウエハースを大人のためのお菓子というコンセプトに転換することはできないだろうか。

当時、すでに「健康」という言葉がブームになっていた。

ウエハースの主な原料は小麦粉だが、同じ麦でも大麦のほうには、麦飯とか、粗食とか、健康増進というような好ましいイメージがあった。

その時、竹田さんの脳裏に突然ひらめいたのが、昔なつかしい駄菓子「麦焦がし」のある風景だった。素朴で懐かしい「香煎《こうせん》」のイメージを、ウエハースを使って再現できないだろうかと考えたのである。

こうして完成したのが、発売以来四十年近くも経った今でもスーパーの店頭で根強い支持を集めている定番のウエハース菓子「麦ふぁ〜」だった。この新商品の拡販には、マスコミの力を、最大限、活用してやろうと竹田さんは思ったのである。そう。あの新製品を店頭から追い払ったマスコミの力をだ。

「不況だからお菓子は売れないというのはウソです。不況というのはチャンスなんです」と竹田さんは言う。

ニクソンショックと円高とで、そのころ世間は不況の底に沈んでいた。CMの出稿量も落ち込み、放送業界は青息吐息だったから、全国くまなく対象にして、しかも累積視聴率で三千%という大量のCMを出稿しようというクライアントは大歓迎を受けたのである。

累積視聴率が三千%というのは、平均的な日本人なら、全員、理論上、平均三十回も同じＣＭを見せられているという意味である。

　この広告主は寛大だった。お菓子のＣＭであるにもかかわらず、どんな番組、どんな時間帯にＣＭを挿入しようと構わないと言うのである。商品イメージなんか気にしない。深夜のお色気番組だろうが、怪奇物や殺人物の番組だろうが構わない。いっさい文句を言わないのだ。とにかく空いている広告枠にＣＭを流してくれれば、それで良いという寛大さだった。

　その代わり、どうせ不況で空いている広告枠なのだから、料金は大きく値引いて欲しいというのが竹田さん側の唯一の条件だったのである。

　不況のまっただ中ということで、交渉の結果、ついに竹田さんは破格の割引を獲得することができたのだった。建値の十五％、すなわち定価から八十五％引きという大幅な値引きである。

　テレビの大量ＣＭの威力は爆発的だった。竹田製菓の新工場はフル回転。昼も夜もなくブッ続けに生産をしても、全国からの注文に応じることもできなかったのである。

　だが、可能な限りの増産態勢を取りながらも、これ以上、新たな設備投資には断じて走らなかったという点こそが、竹田さんの長年の経験と、読みの深さの真骨頂

だろう。

「過剰というのは最悪の毒素だというのが、僕の信念です。どんな物であれ、過剰であるというだけで、消費したいという欲求がフッと消えて行ってしまうからです」

と竹田さんは言う。過剰が最悪の毒素であるということは、すでに竹田さんはボーリングブームの荒波によって、イヤというほど学んだ教訓だったのだ。

しかしこれほど新製品の「麦ふぁ～」が人気爆発してしまい、店頭に品薄状態が続いてしまうと、見た目もパッケージもそっくりの類似品が登場するのは時間の問題だった。争いごとを基本的に好まない竹田さんも、この時ばかりは闘わざるをえなかった。

「商標登録は済ませていましたけど、ありとあらゆる法律を動員して、申し訳ないけど、ニセモノを作った相手には、やめてもらいました。麦ふぁ〜は、僕が作り、僕が多額の宣伝広告費を費やして一から市場を開拓した商品だからです。

向こうの社長からは、許してくれと言われましたよ。アンタの会社だって、タマゴボーロは人真似じゃないかとまで言われましたよ。

だけど昔から多くのメーカーが作っていた定番菓子、たとえばタマゴボーロなどのような商品と、麦ふぁ〜とは根本的に事情が違うんです。大人という、まったく新しいターゲットを狙い、これまでどこにも存在しなかった『麦焦がし』の味というコンセプトを導入したウエハース菓子は、いろんな会社が競争をして市場を奪い合ってきたタマゴボーロなどとは根本的に違うのです」

だが、大不況の時に思い切って注ぎ込んだ多額の宣伝広告費のおかげで、本来ならば数週間で消えても不思議ではない新製品だったにもかかわらず、麦ふぁ〜は数十年も経った今でもなお生き残り続け、売れ続けるだけの生命を得ることができたのだろう。

この時の多額の宣伝広告費は、その何十倍何百倍もの利益を何十年にもわたって竹田製菓にもたらしてくれたのである。

広告費というのは経理上では資産には計上できない一時払いの経費である。だが、この時に竹田製菓がつかんだ多くの麦ふぁ〜ファンこそは、なによりも重要な竹田製菓の無形資産となったのである。

投資をするから利益が産まれるわけではない。投資をして、投資の償却が終わってから、はじめて本格的に利益が発生するのである。

帳簿上ではほとんどゼロとしか評価されないもの、すなわち、とっくの昔に償却を終わった製造ラインや、とっくの昔に大量に打った広告宣伝費こそが、真の資産であり、利益の根源なのである。

6　竹田さんが投資先に選ぶ会社の共通点とは

竹田さんが百社を超える上場会社の大株主となったのはここ数年のことだが、実は四十年近く昔から、ある上場会社の筆頭株主を続けてきていたのだ。

ＣＢＣ中部日本放送である。

ＣＢＣ株の名義は、最近、竹田さんが買った多くの株とは異なり、竹田さんの個人名ではない。

読者の皆さんが「竹田和平」という単語をキーワードにして検索しても、このＣＢＣ中部日本放送だけは見つけることができなかったと思う。当初は竹田製菓、現在では竹田本社という名義で所有しているからなのだ。

竹田さんの会社が日本経済の発展と歩調を同じくして高度成長を続けていた頃は、竹田さんには株式投資に資金を回すだけの余裕はなかった。自分で事業をしている人なら誰でも知っていることだが、自分の事業が伸びている時は、自分の事業に資金を回すのがいちばん投資効率が良いことだからである。

株式投資というのは、自分の事業に資金需要がなくなった人にとっての、余資を活用するための次善の策なのである。あくまで余剰な資金を運用するのが、投資というものの正しい姿なのだ。

竹田さんが投機を卒業し、投資家という立場に目覚めたのは、大阪万博の頃だった。すでに竹田さんの会社も成熟し、安定飛行に入って、急激な設備投資の資金需要がなくなった後のことだった。

竹田さんは言う。

「小さな会社を経営していると、資金需要に波があるんですね。設備投資をするために大きな投資資金が必要な時もあれば、その投資が成功したあとの資金の回収期もあります。ところが銀行というのは、金ができたので返そうと持って行くと、返済されるのをなぜか嫌がるんですね。彼らにとっては、元本が安全であれば、いつまでも利子だけを受け取り続けている状態が、いちばん都合がいいのでしょう」

そこで、竹田さんがこの余剰資金を投資したのが地元名古屋のCBC中部日本放送だったのである。

当時、どう考えても割安な水準に沈んでいたCBCの株を、証券市場で下値に指《さし》値《ね》を入れて、静かに買いはじめたのだ。

「もう四十年近くも前のことですが、それ以来、僕の会社がＣＢＣの筆頭株主をしているのです」

こうして、竹田さんの大旦那としての生き方が始まったのだ。会社を育てる大株主、会社に喜ばれ、会社とともに成長する大株主が誕生したのである。

「その時、千株と百万株とでは、同じ株だけど、ちょっと違うぞということに気がつきました。大株主であれば、会社を育てることができる。大株主から言われれば、経営者も、承りましたと言わざるを得ないでしょう」

まさに大企業の筆頭株主として数十年を過ごした人だけが知っている真実である。買った当初こそは「この人は何者だ？」と、けげんに思われても、その株を何十年間にもわたってずっと持ちつづけ、会社の成長を見守りつづけているうちに、株主であることは竹田さん自身にとっても大きなパワーを与えてくれたのである。

ＣＢＣは、竹田さんが投資したときにはすでに優良会社だった。日本の民放の草分けであり、テレビとラジオを兼営する、中京地方最大の放送局として、名古屋では知らない人はいない無借金経営の大企業である。株主に対し、多額の配当で報い続けてもいる。竹田さんはその会社の筆頭株主なのだ。

誰かがパーティーの席などで竹田さんのことを誰かに紹介する時、「この人は、

CBCの昔からの筆頭株主です」と一言、言うだけで、相手の人には、竹田さんの人柄や信頼度が余すところなく伝えられるのだ。

実際、CBCの社員の中ですら、竹田さんが創業者の一員だと思いこんでいる人も少なくない。

「竹田さんはうちのオーナーで、創業者の方でして……」

と言う幹部社員の人もいる。

実際には、竹田さんがCBCに投資したのは昭和四十六年のことだったのだが。

竹田さんは言う。

「僕のやっているお菓子屋の仕事なんて、朝早くから粉まみれになり、汗と灼熱で、皮膚に付いた小麦粉が糊に変わって貼りつくような労働です。年がら年中、ヤケドが絶えない仕事です。

だから一日中エアコンの効いたところで働く仕事というのは、僕にはとてもうらやましく見えました。できればああいうオシャレな仕事もやってみたいなと思いました。

しかし自分には経験がないから、始めることはできません。

だけどある日、そうだ、CBCのような会社の大株主になればいいだけの話なんだ、と気がついたんです」

こうして筆頭株主という立場に立った竹田さんだったが、筆頭株主という立場に立って、初めて気がついたことがあったのだ。大株主になるというのは、なんと楽しく、なんとわくわくできることだろうかということに。

竹田さんは、さらに何社かの大株主を目指そうとした。だが、ちょうどそのころ、株式市場全体が高騰を始めたのである。竹田さんが目を付けて買い始めた会社が、軒並み、アッという間に手が届かない水準に値上がりしてしまったのだ。まだほとんど株数も揃わず、大株主にもなれないうちに、値上がりしてしまったのである。

自分が納得できる水準で株を買えないのでは、しかたない。中途半端しか買えなかった株は、思い切って手放してしまった。もちろん、それで利益が上がったことは事実なのだが、きっと世間は、まだまだ大旦那の登場を待ち望んでは、いなかったということなのだろう。

（注・平成十六年に、多くの上場会社で架空名義の株の存在が大問題となり、とりわけ悪質とされた西武鉄道は上場廃止となった。この時ＣＢＣでも、中日新聞社がＣＢＣの株を、法律の上限を超えて大量に所有するために、他人名義を使っていたことが判明し、実際は筆頭株主であると訂正公告を行った関係で、竹田本社は第二位株主へと後退する

ことになった。株主の順位は下がったが、竹田さんが持ち株を売ったわけではない）

7 投機筋の対極にあるもの、それが投資家としての信用なのだ

竹田さんは仕手筋や投機筋ではない。目先の利益を追わず、長期投資に徹する姿勢。日本一の投資家の片鱗は、この頃から現れはじめていたのだろう。

竹田さんはCBCの実質筆頭株主になってから四十年近くの間、まったく売ったり買ったりせず、ずーっとCBCの株式を安定的に所有し続けてきた。この事実こそ、竹田さんという投資家の投資姿勢をなにより雄弁に証明するものだろう。

竹田さんは言う。

「僕自身の会社に十分に資本が蓄積されて来ると、自分であれこれ新規事業に手を出して冒険するよりも、株を買って他の会社を傘下に入れたほうが楽で早くておもしろいな、と思うようになりました。

では、どんな会社を選ぶのが良いかということになりますが、僕は、会社の大株主欄に個人投資家の名前が多くあるような会社の方が良いように思います。そういう会社は、個人投資家をきちんと優遇してくれる会社だと思えるからです」

世間が好景気で設備投資ブームに踊っていても、竹田さんの会社では設備投資の必要性がほとんどなくなっていた。こういう時に、首をすくめて冒険を避け、無理な投資を戒めつつ、それでも順調に会社が回って行けば、必ず莫大な内部留保が積み上がる。

それを竹田さんはいくつかの上場会社の株へと投資したのだった。

株の買い方そのものは、日本一の大旦那となった今とまったく同じである。割安になってきたところを狙い、下値に指値注文を入れたあとは、何カ月でもジーッと待ち続けるという手法である。

ただし、今と違う点を一点だけ挙げると、当時は有名な大企業ばかりに投資していたという点だろう。だから、ある程度の株数を買っていても、CBCは別として、大株主欄に竹田さんの名前が出てこなかったのである。

もっとも、竹田さんは一度買った株は二度と売らないというような硬直的な投資をしているわけではない。

たとえば、かつて日貿信という金融会社があった。あった、と書いたのは、平成十二年に破綻し、今は民事再生手続きを終えた再生会社が残っているだけだからだ。

この日貿信という会社は、昭和三十五年に、戦前の台湾銀行の残余資産をもとに発足した、今で言うところのノンバンクのハシリみたいな会社だった。

頼まれて、竹田さんはそこにも投資していたのである。

昭和五十六年の上場と同時に株主になり、数度の無償増資を経て、平均投資コストは一株百八十円ぐらいに下がってきていた。だが、あまりにも官僚的な経営者ばかりが増えてきたことに竹田さんは嫌気がさしていた。

金融会社という性格上、やむを得ないことかも知れないが、竹田さん以外の大株主は、ほとんどが銀行なのである。だから日貿信の経営者たちも、ほとんどみんな、銀行などからの天下り勢だったのだ。出身母体の顔色ばかり窺《うかが》うような、そんな経営陣だったのである。

そんな時、竹田さんにとって幸いなことが起きた。ある地方銀行が、竹田さんの持ち株を買いたいと言ってきたのである。その当時、株価は一株五百円を超えていた。まさに渡りに船である。竹田さんは大喜びで全株を手放したのだった。

その後の日貿信の歩んだ道を見てみれば、竹田さんが、

「経営者がお役所感覚だったり、天下り感覚だったりするような会社には、ぜったいに投資してはダメだなと実感しましたね」

と言う理由もよくわかるのではないだろうか。

日貿信は、その後バブルの絶頂期には瞬間的に株価が三千円を超えるところまで値上がりもしたが、バブル崩壊と同時に猛烈な欠損を抱えてゾンビ化してしまった。平成三年には、大阪の料亭の女将が偽造した架空の定期預金証書に引っ掛かり、これを担保に二百億円もの融資をし、信用は決定的に悪化した。

だが日貿信はゾンビ状態に陥りながらも、バブル崩壊から実に十年間も生き残り続けていた。破綻処理は、十年後に民事再生法が成立するまでを待たねばならなかったのである。

ようやく破綻処理された時、この会社は、年間売上三十億円程度に対して、負債は実に二千八百九十九億円という惨状だった。なぜそこまで誰一人、この会社に引導を渡せなかったのだろう。

バブルの頃、多くの銀行がノンバンクに大金を貸し込んでいた。銀行本体ではとても貸せないような、怪しい先や、危ない先への迂回融資である。

おそらく、こんな会社をわざわざ処理すれば、バブルの膿が噴き出して、処理に着手した人は猛烈な返り血を浴びることになるだろう。火ダルマになる覚悟で法的処理に乗り出すような勇気ある経営者や銀行マンなど、どこにもいなかった。貸し込んでいた銀行各社は、ただただ同社に追い貸しを続けながら、問題を先送りし、やがてバブルが再燃してすべてを救ってくれる日を、あるいは自分が担当者の席を離れる日を、あてもなく待ち続けてきたのではなかったのか。

これが日貿信という会社だった。

このバブルの象徴のような企業から、賢明にも竹田さんは昭和六十年に手を引いているのである。

「岐阜県内の地方銀行から、僕の持ち株を半分売ってほしいという依頼がありましてね。先方は日貿信と資本関係をぜひ持っておきたいということなんです。半分だけでは嫌だ、全部買うなら売ってもいいよ、と言ったのですが、先方には先方なりの理屈がありました。僕以外の大株主は、みんな銀行でしたから、株主になるにしても銀行としての序列を守らなくてはいけないらしいんですね。持ち株順位で上位の銀行を逆転してはいけないのだというような、およそ資本主義とは無関係な理屈です。

官による統制感覚を、これでもかと言うぐらい、引きずっているんですね。

それまでさんざん経営者には嫌気がさしていたものですから、結局、これ幸いと渡りに船で売ってしまいました。残りの株も、同時に株式市場で全部、売り払ってしまいました。幸いなことに、市場は日貿信という会社を評価していたのでしょうね。ほとんど値下がりすることもなく、全部、売れてしまったのです」

日貿信への投下資金は五年間で三倍に膨らんでいた。

その資金は、昭和六十一年に犬山工場の敷地内に開設された「お菓子の城」というミニ・テーマパークを建設する費用になった。このお菓子の城というのは、竹田さんが楽しみにしていた夢の実現だった。そして今、バブルの頃に日本中に開設されたテーマパークの多くが破綻に追い込まれたにもかかわらず、お菓子の城は健在なのである。

それもこれも、竹田さんが、すべて自己資金の範囲内で投資するという原則を守っていたからではないだろうか。

「固定資産税や維持費を考えると、こういう博物館みたいなものを民間企業で経営しようというのは不可能に近いですね」

と竹田さんは言う。

竹田さんが若かったころ、札幌で見た北海道庁をイメージして作られた、壮大なお菓子の城。

「民間人でも、こんなお城みたいなのを一つぐらいは持てるのだということを示せるほうが、みんなの励みになっていいでしょう」

と竹田さんは笑うのだった。

経営者は経営に責任を持っていなければならない。

この当たり前すぎるほど当たり前の事実を、竹田さんは、日貿信への投資と、その後の同社の末路を見るたびに、戒めとして嚙みしめるのであった。

8　値上がりを期待して株を買ってはいけない

竹田さんは、バブル期をも、ほとんど無傷で切り抜けてきた。

「一九八九年に入って、日経平均が三万円を超えた時、この相場はウソだと思いました。日経平均株価が最高値に達したのはこの年の年末ですが、それよりも何カ月も前に大型優良株は頂点に達していたからです」

事実、バブルの頂点では、株は株であるというだけの理由で買い上げられていた。当時の新聞の株式欄を見ていただきたい。およそどんな会社でも、軒並み一株千円の値段が付いていた一方、ソニーやトヨタのような超優良株が、今よりも割安だったことが見て取れるだろう。バブルとは、どういう時代だったのか、ぜひこの株価を眺めて見て欲しい。

「当時、僕は大型優良株に集中投資していたので、僕の持ち株程度の量を売ったところで、相場はビクともしません。そこで手早く持ち株の六割を売り払いました。そしてどこに投資しようかと世界をグルリと見回してみたんです。

するといますが、当時は比較にならないほど、たくさんの銘柄が上場されていました。その当時のアメリカ株は、配当五％、ＰＥＲ十倍、ダウ平均が二〇〇〇ドルという時代でした。皇居の土地を売ればカリフォルニア州が丸ごと買えると言われた時代です。

すると、東証にはアメリカ株も上場されていたんです。今でも細々と上場されて

僕は思ったんですね。じゃあ、本当に日本株をアメリカ株に交換してやろうとね。実際、日本のバブルが崩壊してから、アメリカ株は五倍に値上がりしました。ただし同時に円高になったので、値上がり分も、かなり円高差損で目減りして、実際には思ったほどには儲かりませんでした。それでも配当も入って来ましたしね。

売らずに持ちつづけていた日本の優良株ですが、バブルが崩壊したあとも、株価はあんまり下がっていないんです。逆に上がったものも多いのです。

もちろん、いつもこんなに上手に逃げられるはずがないと思いますが、ひとつの参考になればと思います」

日本株がほんとうに割高な水準になったとしても、世界中に目を凝らせば、割安に放置されたものが必ず見つかるという信念。自分が割安だと判断したなら、世の中が自分の判断に追いつく日が来ることを信じて、ジッと待ちつづける根性こそが

必要なのだろう。

バブルの崩壊を優良企業の株によって乗り切った竹田さんだったが、九七年に大きな転機が訪れる。竹田さんが投資していた大手企業の一つが潰れたのだ。

あの山一證券である。

「僕は山一證券の個人筆頭株主だったんです。その株がタッタの一円になってしまったでしょう。これは、天は僕にいったい何をしろと言っているのかな、と考えたんです。

ほかの株主から、僕を担いで山一を買い取ってどうにか再建しようじゃないか、なんていう話が来たこともありました。ですが、僕は門外漢です。やはりそういうことに手を染めるべきではないな、と考えたのです。

その代わりに、一流企業なら安心だと思って投資していた持ち株を、とにかく全部売り払ってしまうことにしました。

それから、一カ月ほど、じーっと考えました。考えて考えて考え抜いて出した結論が、こうでした。

自分は中小企業を一所懸命、経営してきたのだから、他の企業の経営者たちが、今、どんな気持ちで経営しているかがよく分かります。これは、ほかの人にはない、

日本株バブル、栄光の日の姿

株がピークを付けた1989年12月29日。株が日本の上場株だというだけの理由で、軒並み1000円に買われていた。これこそバブルの典型である。

東証株式第1部

28日　　1時15分現在
（単位・円、NTTは100円）

指　定　銘　柄

	始値	高値	安値	現在	前比
平和不	2310	2320	2280	2310	▼20
東　レ	1020	1030	1010	1030	△10
旭化成	1250	1260	1240	1260	△20
日　石	1950	1950	1910	1930	▼20
住友電	1690	1700	1680	1690	△10
日電気	1920	1930	1900	1910	△10
松　下	2390	2390	2360	2370	0
三菱重	1150	1160	1130	1130	▼30
トヨタ	2600	2600	2560	2560	▼30
三井物	1340	1350	1330	1340	0
東海上	2170	2180	2160	2180	0
郵　船	1180	1190	1170	1180	0

水産・鉱業

極　洋1710 ▼20
日　魯1020 ▼10
日　水1030 0
大洋漁 948 △ 9
宝幸水1000 △ 5
ホウスイ1650△120

三井山1410 ▼10
住友炭1240 0
日鉄鉱2710 0
三井松島1020 0
帝　石1660 ▼40
アラ石
13200▼300
ガス開2840 △30

建　設

大成建1600 △10
大林組1780 △10
清水建2260 △10
佐藤工2080 0
飛島建1550 ▼10
フジタ工1880 ▼10
長谷工1590 △30
冨士工1070 ▼20
松井建1870 0
鹿島建2180 ▼40
不動建1110 △10
大末建1430 ▼20
鉄　建1670 ▼10
安藤建1560 0
勝村建 — —
日産建1300 ▼10
太平工2240 △90
西松建1500 ▼10
三井建1330 ▼20
大豊建1350 △10
住友建1350 ▼30
前田建1900 △30
佐田建1460 ▼20
中野組1410 ▼20
岡崎工 865 △ 5

東急建1350 ▼10
戸田建2320 0
熊谷組1450 △10
小松建1620 —
北野建1900 △40
植木組1180 0
日栄建2920 △40
日舗道2990 0
東亜道1410 ▼20
前田道2380 ▼30
日道路1910 0
東亜建1310 △20
青木建1480 △10
国土開1430 ▼20
若築建3150 ▼70
佐伯建1100 ▼10
東洋建1250 0
大都工1140 △20
五洋建1430 ▼10
大成道1530 △20
大林道1530 △10
世紀東急1340 ▼10
福田組1700 0
小堀住2470 ▼10
殖産住1490 △20
巴　組 — —
ミサワ2930 ▼10
ナショ住2230 0
ハウス2780 △30
ライト1860 △10
積ハウス2460 △20
日特建1690 ▼20
東北電工3410 △10
四電工1400 0
中電工4100 0
関電工4220 ▼40
大明電1360 0
近電工3740 0
東電工2000 0
トーエネック2000 △20
日通建1620 △10
電設工1550 ▼20
協電設1460 △10
日工営1530 ▼30
東電通1500 0

東芝プラ1650 0
ショーボンド2480 △30

食　品

日本粉1140 ▼40
日清粉1920 ▼10
日東粉1160 ▼40
昭和産1030 ▼10
農産工 965 △ 9
協同飼1090 △10
日配飼 940 △20
台　糖1410 0
東洋糖1130 △20
塩芽糖1320 ▼20
三井糖1040 △10
森　永1040 ▼10
明　菓1230 △10
中村屋1980 ▼20
グリコ1620 △50
名糖産2910 ▼70
不二家1620 ▼30
山崎パン2290 △30
第一パン1410 △30
モロゾフ1480 0
明　乳1120 0
雪　印1420 △30
森永乳1070 △10
ヤクルト3210 △20
プリマハム1110 ▼20
日本ハム2260 ▼20
伊藤ハム1520 0

林　兼1040 △10
丸大食1620 △20
サッポロ2100 △40
アサヒ2050 △40
キリン1980 ▼10
宝酒造1150 △20
洋醸造1720 0
合同酒2430 0
三　楽1500 0
養命酒2540 △40
中京コカ1720 △10
三国コカ2670 0

カゴメ1970 0
ニチレイ1470 0
加ト吉3230 △90
洋水産1840 △10
日清食4050 0
永谷園1520 0

繊維・紙

片　倉 — —
グンゼ1390 ▼10
神　栄1030 ▼30
神戸糸 918 ▼ 8
川島織1250 △10
東洋紡 962 ▼ 8
鐘　紡 898 ▼ 2
ユニチカ 865 0
富士紡 900 △ 5
日清紡1780 0
クラボウ 878 △ 3
大和紡 956 ▼ 4
シキボウ1140 △10
日東紡 971 △ 9
オーミケン — —
テザック1360 △30
日　毛3150 ▼40
大東紡1420 △20
東亜紡 — —
ダイドー — —

御幸毛 — —
帝繊維1580 ▼10
帝　人 962 △ 4
東邦レ1200 0
三菱レ 896 △ 2
クラレ1740 ▼20
酒伊繊1040 ▼10
フェルト — —
市川毛1410 △10
日バイリン1800 △20
日レース 900 ▼ 5
日東網1150 ▼20
芦森工1250 0
厚木ナ1650 △10
ダイニック1850 △20
共和レ1890 △60
セーレン2400 ▼40
東海染1350 ▼10
小松精 — —
福　助1510 △10
ワコール1720 ▼30

山国パ1100 0
東海パ1330 0
王子紙1710 △30
本州紙1650 △50
十条紙1150 0
三菱紙1300 △20
北越紙1380 △10
神崎紙1280 △10
高崎紙 859 △ 7
日紙業1380 0

加工紙1160 △20
大昭和3350 ▼50
中越パ1060 △10
巴川紙 943 △13
大王紙2050 △10
特種紙1220 0

昭電工1120 △10
住友化 927 △ 2
日化成 903 ▼17
住友精化1110 0
菱化成1030 0
日産化1220 ▼10
ラサ工1150 0
呉羽化1180 ▼10
テイカ1360 △10
石原産 935 △10
日曹達1250 0
東ソー 940 0
徳山曹1040 △10
セ硝子1030 ▼10
東合成1220 0
ダイソー1640 0
関電化1000 △ 5
電　化 931 ▼ 9
イビデン1130 △10
信越化1780 0
カーバイド1040 ▼20
堺化学1610 △40
テイサン1440 ▼10
大同酸1060 ▼10
ほくさん1220 △40
大阪酸1060 0
洋酸素3870 △10
日酸素1130 △10
日本化2180 ▼60
パーカライ1430 △10
高圧ガス1810 △70
チタン工2540 0
四国化1080 △10
戸田工1590 ▼50
大陽酸1730 0
保土谷1050 △40
触媒化2270 0
大日精1330 ▼10

協和化1170 △10
協発酵1720 0
菱ガス化1040 ▼10
三井石化1700 0
三菱油化1490 △10
合成ゴム1400 ▼10
日合成1350 ▼20
ダイセル1120 ▼10
住友べ 980 0
積水化1760 △10
ゼオン1190 ▼30
アイカ1290 △10
宇部興 896 ▼ 4
東洋化1070 △10
積水樹1440 0
菱樹脂1000 △ 2
高分子1140 △10
タキロン1390 △10
旭有機1360 ▼30
日立化2430 △50
ニチバン1280 0
理ビニル1170 △20
大倉工1290 0
興中プ1480 ▼20
積化成1250 0
群栄化1090 ▼20
カーリット — —
日化薬1470 ▼30
旭電化1380 0
日油脂1190 0

田辺薬1730 ▼50

古富薬1700 0
藤沢薬2020 △50
わかもと1440 △90
万有薬1660 ▼40
日新薬 — —
富山化1470 0
中外薬1920 0
科研薬2730 ▼30
ミドリ1740 △80
エーザイ2140 △30
ロート2060 —
小野薬5050 △10
日研化1510 △10
久光薬1310 ▼30
東田辺1250 ▼10
持田薬4290△100
大正薬2700 △10
参天薬 — —
エスエス薬1800 ▼30
扶桑薬1730 ▼10
ケミファ2070 △10
ツムラ3010 ▼30
テルモ1860 △20
富士レビ2800 △30
北陸薬4000 ▼30
大日塗1100 △10
日本ペ1340 △10
関西ペ1440 0
東亜ペ1420 △10
中国塗1070 ▼10
インキ 934 0
サカタINX1260 0
洋インキ1040 △10
富士写4550 ▼30
コニカ1610 △10
資生堂2480 ▼20
ライオン1270 0
高砂香1240 △20
イハラケミ1170 ▼20
北興化1120 0
クミアイ化1170 △20
日農薬1780 ▼20

昭和シェル1740 △30
三菱石1690 ▼10
東　燃2200 △30
興亜石1270 △10
コスモ石1360 ▼30
富士興 922 △ 1
日石化1540 0
ゼネ石1900 △10

ゴム・窯業

浜ゴム1410 0
洋ゴム1730 ▼20
ブリヂストン1700 ▼40
住友ゴ1600 ▼10

オカモト1320 ▼10
アキレス1150 0
三星ベ1600 △20
バンドー1110 △20
鬼ゴム1000 0

旭硝子2350 0
板硝子1220 ▼10

秩父セ2950 ▼10
三菱鉱セ 973 ▼ 7
ミサワリゾ3690 0

日ヒュム1470 0
大コン1220 △10
日コン1610 ▼20
東海カ1190 0
カーボン1250 0
ノリタケ1870 △30
東　陶2840 ▼30
ガイシ1750 ▼20
特殊陶1520 ▼20
INAX1980 ▼20
ダントー3480 △40
白煉瓦1780 △10
黒崎窯1320 ▼30
TYK 975 ▼ 5
アスク1070 ▼10
ニチアス1710 △40

鉄鋼・金属

新日鉄 792 ▼ 3
川　鉄 820 ▼ 8
NKK 786 0
住　金 865 ▼ 4
神戸鋼 812 △ 7
日新鋼1270 △10
中山鋼2140 △30
合同鉄1540 ▼10
東製鉄5200 △40
大和工2190 0
東京鉄2330 △60
トーアスチル1620 ▼10
淀川鋼1520 △20
洋鋼鈑1290 0
大同鈑1570 △10
パイプ1450 0
丸一管2230 △20
モリ工業1350 △10

大同特鋼1250 △20
高周波1100 △10
ステンレス1220 △20
日金工1150 0
冶金工1280 △20
山陽特鋼1150 △20
愛知鋼1040 △10
日立金1730 0
日金属1120 ▼20
大平金1250 ▼10
矢作鉄 931 △ 1
日重化1210 ▼30
日本電工1230 ▼20
栗本鉄 — —
日鋳鋼1160 △30
菱製鋼2480 △20
関特鋼1480 ▼20
日亜鋼1710 △40

日軽金 988 ▼ 2
三井金 991 ▼ 6
東邦鉛1120 0
三菱金1210 △10
日　鉱1110 ▼30
住友鉱2200 ▼30
同和鉱1450 ▼10
古河機1190 0

昭電線13
東特線
タツタ11
第一電10
日立線13
リョービ11

洋カン39
北カン23
横河橋23
松尾橋13
宮地鉄10
駒井鉄14
桜田機14
三和シヤク21
文化シヤタ23
川田工16
三協ア16
洋シヤタ29

トヨサッシ80
ノーリツ32
リンナイ29
日東精11
三洋工17
日建鉄28
中国工10
東プレ11
高熱鋳14
東京鋼16
日発条10
中発条12

機

三浦工20
新潟鉄10
タクマ11
ヂーゼル12
ツガミ10
池貝鉄 9
大隈鉄18
東芝機14
日立精13
アマダソノ14
アマダワッシ12
アマダ22
アイダ14
牧野フ17
オーエスジ16
ダイジェット15
タンガロイ12
旭ダイヤ29

森精機44
豊田織32
豊和工10
大機工12
豊田工17
石川製13
帝人機15
OM製11
大阪豊和13
津田駒21
遠州製
スピンドル14
日阪製28
レオン自40
SMC7

宴のあとの後片付け

ピークから２年８カ月。1992年８月19日には平均株価は63％も下落した。大きく下がったのは何か、見比べてみよう。（いずれも朝日新聞夕刊）

東証株式第１部

19日　１時15分現在
（単位・円、ＮＴＴは100円）

水産・鉱業

銘柄	現在	前比
極洋	445	Δ15
ニチロ	368	Δ 8
日水	384	Δ 3
大洋漁	353	▼ 5
宝幸水	310	0
ホウスイ	280	0
サカタのタネ	2500	▼50
三井山	445	Δ12
住友炭	475	Δ 2
日鉄鉱	615	▼18
三井松島	301	▼14
帝石	564	Δ 9
アラ石	3300	▼10
ガス開	740	▼10

建設

銘柄	現在	前比
大成建	572	Δ15
大林組	440	Δ 2
清水建	812	Δ14
佐藤工	567	Δ26
飛島建	260	Δ15
フジタ	462	Δ11
長谷工	450	Δ10
冨士工	281	▼ 9
松井建	714	▼ 6
鹿島	784	Δ22
不動建	370	Δ 6
大末建	306	Δ 2
鉄建	519	Δ29
安藤建	485	▼ 5
勝村建	420	▼ 7
日産建	473	Δ20
大平工	455	Δ11
西松建	809	Δ14
三井建	365	Δ15
大豊建	475	Δ 5
住友建	316	▼ 1
前田建	714	Δ22
佐田建	537	▼ 3
ナカノ	525	Δ13
奥村組	615	Δ 5
小田急建	545	ウ
東鉄工	556	Δ 1
大日土	570	0
ハザマ	313	Δ 7
真柄建	421	Δ 1
多田建	390	ウ
イチケン	650	▼10
大東建	2750	Δ90
日舗道	1790	Δ10
東亜道	770	▼ 5
前田道	2030	0
日道路	985	Δ 7
東亜建	524	Δ 1
青木建	309	Δ 3
国土開	415	Δ25
若築建	384	Δ 5
佐伯建	291	▼ 9
東洋建	370	Δ10
大都工	375	Δ 5
五洋建	554	Δ18
大成ロテク	820	▼20
大林道	1600	▼30
世紀東急	471	0
福田組	980	Δ 5
住友林	1690	Δ10
エスバイエル	559	▼ 6
殖産住	310	0
巴組	750	—
大成プレハ	1620	▼10
ミサワ	720	▼ 9
ナショ住	1510	▼30
ハウス	1360	Δ40
ライト	1480	Δ10
積ハウス	974	▼ 1
日特建	995	▼15
ユアテック	1680	▼20
四電工	901	▼ 4
中電工	3490	▼40
関電工	1650	Δ20
大明電	361	Δ 1
きんでん	—	—
東電工	1110	▼30
トーエネック	1190	▼30
日コムシス	481	▼18
電設工	1660	Δ10
協エクシオ	511	Δ 9
日工営	850	▼15
東電通	630	ウ
九電工	1550	Δ50
三機工	930	Δ 6
日揮	1720	Δ30
中外炉	—	—
太平電	1210	▼20
高砂熱	1150	▼30
日立プラ	410	▼ 1
三晃金	710	▼10
朝日工	509	▼11
大気社	1150	0
東芝プラ	710	▼ 1
ショーボンド	1430	▼30

食品

銘柄	現在	前比
三井糖	335	Δ19
森永	457	Δ 5
明菓	514	Δ17
中村屋	540	▼10
グリコ	1020	0
名糖産	1080	▼20
不二家	490	▼10
山崎パン	1560	Δ10
第一パン	371	Δ 1
モロゾフ	469	▼ 1
明乳	770	Δ25
雪印	685	Δ 2
森永乳	596	Δ18
ヤクルト	975	Δ15
プリマハム	412	Δ 7
日本ハム	1530	Δ10
伊藤ハム	750	▼ 3
林兼	259	Δ19
丸大食	758	0
サッポロ	800	Δ28
アサヒ	879	Δ 9
キリン	1020	Δ29
宝酒造	476	Δ11
合同酒	505	0
メルシャン	638	Δ37
養命酒	650	Δ20
中京コカ	1580	▼80
三国コカ	2150	▼30
カルピス	1170	Δ10
ポッカ	1410	▼10
ホーネン	515	Δ20
日清油	930	Δ25
吉原油	440	0
不二油	710	▼ 5
キッコマン	880	0
味の素	1050	Δ20
キユーピー	1180	Δ10
ハウス食	1890	▼20
カゴメ	795	▼ 2
ニチレイ	558	Δ 1
加ト吉	2020	Δ20
ヨコレイ	900	—
洋水産	1250	0
日清食	1780	▼10
永谷園	829	▼ 1

繊維・紙

銘柄	現在	前比
片倉	844	▼15
グンゼ	530	0
神栄	260	Δ10
神戸糸	230	▼ 1
川島織	390	▼ 5
東洋紡	301	Δ 8
鐘紡	360	Δ 9
ユニチカ	304	Δ 3
ダイドー	780	▼ 9
御幸毛	—	—
帝繊維	271	Δ16
帝人	356	▼ 9
東レ	537	Δ 1
東邦レ	463	Δ10
三菱レ	311	Δ 3
クラレ	890	Δ 6
旭化成	528	Δ14
サカイオーベ	405	▼15
住江織	—	—
フェルト	595	▼23
市川毛	255	▼ 5
日バイリン	579	Δ 6
日レース	—	—
日東網	351	Δ 1
芦森工	345	0
厚木ナ	473	▼ 6
ダイニック	350	Δ 5
共和レ	600	—
セーレン	—	—
東海染	510	▼10
小松精	—	—
福助	420	Δ11
ワコール	738	0
山国パ	360	Δ10
東海パ	495	—
王子紙	703	Δ 3
本州紙	340	Δ 9
十条紙	365	Δ 3
三菱紙	420	▼ 5
北越紙	570	Δ24
神崎紙	361	▼24
高崎紙	192	▼ 8
日紙業	281	—
加工紙	285	0
大昭和	1500	Δ70
中越パ	270	0
巴川紙	351	Δ 2
大王紙	725	—
特種紙	550	Δ10
セッツ	348	Δ 3
中坂紙	255	▼ 5
レンゴー	550	▼ 6
トーモク	432	▼10

化学・石油

銘柄	現在	前比
三井東圧	300	Δ10
日東化	280	▼ 5
コープ	245	▼ 4
昭電工	210	0
住友化	378	Δ 7
日化成	240	Δ14
住友精化	298	▼ 3
菱化成	368	Δ 8
日産化	584	Δ19
ラサ工	504	Δ14
呉羽化	345	▼ 1
テイカ	275	0
石原産	266	0
日曹達	424	▼ 4
東ソー	295	Δ 5
徳山曹	346	▼ 4
大同酸	—	—
ほくさん	418	▼12
大阪酸	—	—
洋酸素	406	Δ 1
日酸素	373	▼14
日本化	679	Δ28
パーカライ	705	Δ39
高圧ガス	419	▼ 1
チタン工	460	▼ 1
四国化	395	▼11
戸田工	490	0
大陽酸	369	Δ 4
保土谷	259	ウ
日触媒	550	▼ 3
大日精	520	0
鐘淵化	454	Δ 3
協発酵	764	Δ19
瓦ガス化	350	—
三井石化	436	▼15
三菱油化	575	Δ 4
合成ゴム	380	▼15
応化工	2520	ウ
日合成	535	Δ31
ダイセル	454	Δ 4
住友ベ	325	▼ 9
積水化	664	▼ 5
ゼオン	457	Δ17
アイカ	480	▼ 5
宇部興	300	Δ 1
東洋化	310	▼ 5
積水樹	1260	▼10
菱樹脂	325	Δ 5
高分子	1160	Δ50
タキロン	550	▼11
旭有機	570	Δ10
日立化	670	▼20
ニチバン	392	▼ 8
理ビニル	450	0
大倉工	450	0
筒中プ	—	—
積化成	494	▼ 5
群栄化	353	Δ 1
カーリット	455	ウ
日化薬	489	Δ30
新日鉄化	300	0
旭電化	580	Δ 7
日油脂	475	Δ27
ミヨシ	321	0
ハリマ化	849	▼ 1
花王	960	▼ 1
一工薬	357	ウ
三洋化	650	Δ10
三共	2060	Δ30
武田	995	Δ14
山之内	2300	Δ70
第一薬	1380	Δ40
大日薬	840	Δ58
塩野義	566	Δ21
田辺薬	680	▼17
吉富薬	650	0
藤沢薬	750	Δ 8
わかもと	472	▼ 1
万有薬	727	Δ 6
日新薬	—	—
富山化	521	Δ34
中外薬	1050	0
参天薬	—	—
エスエス製	700	0
扶桑薬	—	—
ケミファ	500	▼10
ツムラ	810	0
テルモ	612	0
富士レビ	739	▼ 1
北陸薬	980	ウ
キッセイ薬	—	—
大日塗	275	▼ 5
日本ペ	431	▼ 9
関西ペ	355	Δ 5
東亜ペ	457	Δ 7
中国塗	421	Δ10
日特塗	433	▼ 2
インキ	315	▼17
サカタINX	447	0
洋インキ	395	Δ30
富士写	2450	Δ30
コニカ	597	Δ32
資生堂	1310	Δ10
ライオン	411	Δ 1
高砂香	460	Δ 4
エステー化	1340	▼40
イハラケミ	362	Δ 2
北興化	410	0
クミアイ化	370	▼ 5
日農薬	690	Δ20
日石	560	Δ39
昭和シェル	985	Δ45
三菱石	705	Δ20
東燃	1040	Δ20
興亜石	400	▼10
コスモ石	526	Δ13
富士興	294	Δ 4
日鉱化	—	—
ゼネ石	750	0

ゴム・窯業

銘柄	現在	前比
浜ゴム	505	Δ25
洋ゴム	330	Δ20
ブリヂストン	1060	0
住友ゴ	775	Δ 9
オカモト	916	Δ45
アキレス	320	▼ 3
三星ベ	333	Δ 3
バンドー	320	▼ 1
鬼ゴム	280	▼ 1
旭硝子	910	Δ34
板硝子	380	▼ 1
石塚硝	—	—
山村硝	455	0
佐々木硝	305	0
芝セラミ	335	0
日電硝	981	Δ20
日セメ	562	▼ 3
住友セ	372	Δ10
小野田	371	Δ11
第一セ	460	0
大セメ	306	Δ 1
秩父セ	805	0
ミサワリゾ	398	▼ 2
日ヒュム	440	▼ 5

自分だけの強みなのではないだろうかと思ったのです」

そして竹田さんは、経営実態は優良な企業なのに、株式市場から完全に見放された会社ばかりを集中的に拾い集めることにしたのである。

「それで思い出したんですね。あの時は、バブル期の直前のころに、大旦那として生きようと初めて考えた日のことを。あの時は、買い集めようとした株がみんな一斉に値上がりしてしまったために、僕は大旦那にはなれませんでした。きっと、天は僕に対して、大旦那になるにはまだ早すぎると言っていたんですね。

金融恐慌の荒波が荒れ狂うまっ最中。堅実経営をしている中堅企業が、株の買い手がいないためにメチャクチャな安値に叩き売られて苦しんでいることに気がついたんです。こういう中堅企業の経営者たちの苦しさは、僕にもよく分かります。それで、持っていた大会社の株を全部売り払い、安値に沈む中堅企業の株に下値で指値注文を入れていたら、おもしろいように拾えたのです」

こうして北海道拓殖銀行や山一證券、長銀や日債銀が潰れた、あの金融恐慌の最中に、竹田さんただ一人だけが、猛然と買いに回ったのだ。その結果、九九年三月期には、いきなり三十五社の大株主欄に竹田和平さんの名前が登場したのである。

それからも、市場がともすれば押し潰されそうになるたびに、竹田さんは大きく買い増しを続けた。やがて気がつくと、日本一の大旦那と呼ぶにふさわしい大投資家になっていたのである。

それにしても、竹田さんはいったいどういう基準で銘柄を選んでいるのだろうか。

第4章　日本一の大投資家が語る、株式投資の極意とは

1　情報源はひとつで十分。『会社四季報』を熟読せよ

竹田さんは言う。

「基本は割安な株を買うことです。しかし単純に割安だと言っても、大企業の子会社はダメです。親が腐ると子も腐るからです。親会社から理不尽な取引を押しつけられても、親からの天下りの経営者では、それを断ることもできません。経営者が株主の方向ではなく、親会社の方しか見ない状況。それではダメなんです。だから小さくてもしっかりと独立した会社の、安値を買って行かなければならないのです」

そのために、竹田さんはさぞかしシッカリした情報源を確保しているのだろうと私たちは思うのだが、竹田さんは、意外なことを言う。

「ところが、『会社四季報』だけで十分なんですよ。『会社四季報』というのは、長年続いてきた本でしょう。もしも情報や予想を大きく間違えてしまったら、すぐに結果が判明してしまいます。きっと編集部には四六時中『いったいどうしてくれる

んだ』というクレームの電話が入っているだろうと思うんですよ。なにしろ読者は自分の大切なお金を賭けているのですから必死です。長年にわたって、クレームを言われ続け、厳しい読者に鍛えられ続けて、今の『会社四季報』がある。だから『会社四季報』を信頼するだけで十分なんです。もしも『会社四季報』が間違えたら、ぼくも間違える。それは仕方がないこととあきらめる。こういう覚悟さえ持っていればいいんです。

多くの情報を聞きすぎると迷うだけです。それに経営者本人にだって、未来のことなんか分からないのですから」

竹田さんが投資に用いているのは、特殊なツールでも何でもない。インサイダーからの情報源があるわけでもない。竹田さんの武器は、事実上、昔なつかしい『会社四季報』にすぎないのだ。

かつては年四回の『会社四季報』の発売と同時に、隅から隅まで読んでいたという竹田さんだが、さすがに最近では、少しだけ楽をするようになったという。『会社四季報』のCD-ROMを秘書に検索してもらい、低PERの順に並べてプリントアウトしたものを毎回、数百社分、読み込んでいるのだ。こうして竹田さんは銘柄を拾い上げているのである。

私たち個人投資家と、どこにも情報格差がないところで、竹田さんは猛烈な努力と経験とによって銘柄を選び、現実に巨億の富を築き上げてきたのである。

「ぼくも若かった頃には、大失敗というのは何度もしていますよ。相手の言うことを額面通り真に受けて聞いてしまって大失敗。それは何度もあります。人の言うことを真に受けて何かをしても、十のうち九は失敗します。だって、相手があなた自身のことを、あなた自身以上に本気で考えているはずがありませんから。

株でも投資でも事業でも同じことですが、誰かの言うことを聞いて、たまたま成功してしまったら、それこそ大きな不幸なんです。次は必ず失敗するからです。今回の成功以上に大きな失敗をしてしまいます。

ですから、私が買っている株だからという理由で、同じ株を買ってはいけません。まず失敗すると思います。そもそも私はその株を、皆さんよりも前に、皆さんよりも安い値段で買っているはずですから。株であれ何であれ、自分で判断して自分の責任において買うべきです。株は自己反省であり、日々、勉強だと思います」

そして竹田さんは言う。

「会社の未来なんて、経営者自身にだって分からないですからね。そんな予想の数字とか、証券業界の言うような株価材料なんかを信じて株に投資するのは、ほとんど意味がないと、僕は思っています。

確実なのは、今現在の財務の数字だけです。もしも粉飾していなければですが。すこし勉強するだけで、いくつかの数字を見れば、その会社が苦しんでいるのか楽しているのかは、誰にだって分かるようになるはずですよ。

どこかの会社に花のタネの芽生えを見つけたら、花が咲くまでに五年は待っても構わないと思って臨めば、思いがけない銘柄を見つけられるものです。

一度注文を入れてしまえば、あとは相場なんか見ません。毎日夕方に、その日の結果が証券会社からファクスされてくるので、それをチラリと見るだけです。

もちろん、安くても石ころみたいな会社は買ってはダメですよ。

そのためにも、とにかく現在の数字を吟味して、割安に叩き売られた優良株を見つけて買うのです。そして首尾よく買えたなら、旦那になった気持ちで持ち続けるのです。

そうしていると、何年かすれば、思いがけず大化けするかもしれません。たとえ大化けしなくても、割安な水準で買っているのだから、毎年の配当収入だけでも十分に満足できるでしょう」

2 『会社四季報』で、竹田さんが注目するのはこの点だ

竹田さんは、とにかくまず一株利益そのものを見る。この時に、利益の多くを配当金に回している会社が良いという。配当を抑えて内部留保を厚くするという、一般的な日本の上場企業の経営者たちの常識は誤りだと竹田さんは主張するのだ。

「配当として外部に流出させてしまうと、新規投資を借金でせざるを得ないではないかと経営者の人は勘違いしがちなのですけどね。この考え方は誤りなのです。配当というのは高いほうがいい。儲かった時には、うんと株主に還元するべきなのです。そうすれば、そういう会社は、必ず株価で評価されますよ。

上場しているのはなぜか。そのことを考えれば、答えはおのずから分かるはずです。

会社が上場しているのは、株式市場から資本を調達するためです。新規投資を行う時には、増資によって、株主から新しい資金を投資してもらって、それで行うべきなんです。

投資家も、この会社に投資すれば、きっと手厚く報いてくれるだろうなと思うからこそ、自分のお金を投資してくれるのです。逆に、会社がどんなに儲けを上げても、内部留保という美名に隠れて株主に還元しないというのでは、そんな会社の株価が上がらないのは当然です。

上場企業と非公開企業との最大の違いはこの点なのです。非公開企業では、資金調達は内部留保か借金かしか方法がありません。非公開企業のポイントは、株主と経営者とが分離していないという点です。

相続税という点ひとつを見ても、非公開企業は、上場企業とは段違いに不利です。それだけの足かせがあるのですから、非公開企業が内部留保を厚くするのは、やむを得ないし健全なことなのです。

しかし上場企業はまったく違います。上場企業では資本を投資家から広く募っています。新規投資が必要になれば、投資家は貴重なお金を投資してくれるのです。

このことを、ときどき経営者は大きく勘違いするのですよ。タダで金が手に入るのだ、と。あんな株主に配当を払うのなんてマッピラだと。しかし、それは考え違いなのです」

だからこそ、配当性向が高いことは重要なのだと竹田さんは言う。

もちろん株主に高い還元を続けていても、良い企業であれば内部留保も自然に積み上がる。そこで竹田さんは株主資本比率も重視している。

「株主資本比率が高いというのは、継続的に良い経営を続けてきた証です。過去からの会社の成績を示すものが株主資本比率の数字なので、これも重要視していま す」

しかし、これらの条件を満たしていても、割安株でなければ意味はないと考えている。そこで、現在の株価が、過去の高値から見て、どれだけ値下がりしているかという点も、竹田さんは重視する。

そのほかに重視するのは、過去の売上高の伸び率だ。

こうやって見てみると、いずれも実に当たり前の選択方法である。誰でも知っている指標である。だが、竹田さんは言う。

「どんなものであれ、投資の哲学なんて単純です。割安なものを買わなくては、ぜったいに成功しないのですから」

そして竹田さんは、驚くべき銘柄選びの極意を語るのだ。

3　驚くべき銘柄選びの極意とは

「値上がりを期待して株を買ってはいけません。値上がりしそうだと感じる株は、買ってはダメなのです。なぜなら値上がりしそうに思える株は、値下がりする株だからです。

値下がりが続いて、もうこれ以上は、ここから値下がりしても底が知れてるという株を買うんです。みんなが見放してしまって、値上がりしそうもないと思える株を、買い支えてあげるんです。

僕は夢は買いません。投資先の会社の明日なんて、実際にはその会社の社長にだって分からないからです。

僕も半世紀近く経営者をしてきたから言えることですが、ほんとうに確実なのは、今現在、会社がどのような状況にあるのかという点だけです。将来のことなど誰にも分かりません。だから僕は直近の会社の状況を見て投資しているのです。

株で失敗する人は多いけれど、みんな明日の夢ばかりを買いすぎるのが原因だと思います。だからケガをするのです。多くの人がみんな夢ばかりを追うので、夢のない会社の株は、本来の内容に比べて圧倒的に安い値段で叩き売られる。それが今の日本です。だけど世間の人がどう思おうと、割安で買える株があるなら、僕は黙ってそれを買うだけです。

昔の庄屋さんや名主さんは、いちいち田んぼの値段なんか気にしていませんでしたよね。彼らにとって重要なのは、今年の収穫はどうなのか、今年の年貢はどうなのかという点です。だからこそ、良き旦那は田んぼに出かけて行って、農民の話を聞くのです。そして励ましてあげるのです。

現代の旦那にとって、株の一株一株が田んぼの一枚一枚に相当します。だとすれば、田んぼの値段が何割上がった下がったということは、旦那には関係ない話です。株価に一喜一憂してはならないのです。その年の天候や作柄のほうが、重要な点なのです」

竹田さんは、けっして株を買い煽らない。みずから相場を作ることもしない。仕手筋とは根本的に違うのだ。

目を付けている株が安くなれば買い増しするし、買えば何年でも持ち続けるのが大旦那のやり方なのだ。

「真の投資家は株価の目先の小動きに関心を持って右往左往するべきではありません。株主にとっては、会社が今年、儲けを生むのか赤字なのかどうか、つまりは年貢が上がるのか配当金がどうなるのかという点にこそ、興味を持つべきなのです。

もちろん誰かがお金に困って田んぼを手放そうと思い、信じられない安値で売りに出しているなら、誰かが買い取らねばなりません。今の日本が、まさにそういう状況です。だから僕はいまでも安く叩かれた株を、安値で買い進んでいます。

上がってよし、下がってよしの株価かな、と、僕はいつも思っています。

もちろん株価が上がれば単純に嬉しいけど、下がってくれれば買い増しをすることができるから嬉しいでしょう。

株価が四倍にも五倍にも値上がりして、勢いが止まらない時には、僕は持ち株を売るかも知れません。

株が暴騰するのはなぜかと言うと、買いたくてたまらないと思っている人が多いのに、市場には売り物が少ないからです。僕が株を売って、誰かに喜んでいただけるのであれば、それもまた幸せです。買って喜び、売って喜びです。

会社の経営陣というのは、いわば田んぼを耕してくれる人なのです。僕のお金を使って、利益をあげるように努力してくれる人なのです。だから良い名主は田んぼに出て、農民の話を聞き、農民を励ますのです」

4　投資は結局、会社の経営者の資質である

「投資とは、技術ではないと思います。もちろん、会社の財務内容を読むための基本的なテクニックはありますけど、結局は心の問題なんです。心技体という言葉がありますが、いちばん上にあるのは『心』でしょう。技というかテクニックは、その次に来るものです。体というのは元手のことですよね。しかし世の中の投資の話というのは、この一番上の『心』の部分を忘れてしまって、二番目の『技』の部分やいちばん下の『元手』の部分ばかりに偏っています。

株式投資というのは、根本的に言って、経営者という人間に投資する行為なのです。

経営者の外ヅラだけ見ても簡単には分からないことですが、それでもまず経営者の姿は見ておいたほうがいいでしょう。

特に、経営者が従業員や子供たちに語りかける何気ない一言で、真の姿がフッと見えるものです。その時に、ちょっとでも異常を感じたら、静かに手を引くべきで

すね。

投資によって世の中を応援する、そんな投資をしたいと思いませんか。投資を通じて愛と感謝に溢れる世の中を作るのは、私たち旦那の使命だろうと思います。頑張っている会社の頑張っている経営者を投資によって応援すること。それが投資の神髄だと思います」

たとえ千株しか持っていなくても、株主になるというのは、その会社の旦那になることと同じだというのが、竹田さんの口癖である。

竹田さんの考える、良くない会社とは、どのようなものなのだろうか。

「社会貢献(メセナ)活動をしている会社があるでしょう。バカを言うなと思います。会社が株主に配当すべき金を使って社会貢献するなんて、本末転倒もはなはだしい話です。社長が引退してから、自分の身銭で社会貢献すべきなのです。社会貢献は旦那心を持つ個人が行ってこそ生きるものだからです。会社の金は他人の金です。その他人の金を勝手に使って社会貢献ができるだなんて、ほんとうにとんでもない心得違いをする経営者はダメですね。

『徳』とは人を喜ばせることだと僕は思っているんです。人が喜べば喜びが返ってくるんです。常に喜びを発信する人が旦那なんですから。安すぎる株価で悩む会社を買い支えてあげるのも同じこと。旦那がいて、祭りがあって、子供が育つのですからね。

僕はどこの会社のトップにも言うんです。社長会長で終わりじゃないぞ。引退したあと、花咲爺という、人生で一番楽しい時が待っているんだぞ、とね。

お金なんて、ある程度貯まったら、それ以上は一人で使い切ることなんて出来ません。人のために使うしかなくなるんです。お金はしょせんゼロサムだけど、喜びは増殖するのです。与える側も喜び、受け取る側も喜ぶのですから。

これは僕の発明した言葉ですが、『貯徳』するべきなんです。愛を与えれば愛が返ってくるのです。

そもそも株式会社というのは、昔のロンドンのサロンが原点なんですね。旦那衆が集まって、仕事をしたいと言う人にお金を出してあげる、保険をみんなで引き受けてあげる、いわば日本で言うところの『講』みたいなものだったわけです。だから、株を買う時も、自分はその会社の旦那になるのだ、という決意が必要なんですよ。

いろんな分野に旦那がいて、それぞれのセクションを回して行けば、こんなに幸せな世の中もないと思うんです。

僕は有名になるつもりなんか、少しもなかったんです。水澤さんが僕のことを本に書いて有名人にさせられてしまっただけですけど、有名になってみれば、これはこれで悪くはないな、と思うようになりました。有名というのは、信頼を意味しますからね。

だから僕は、個人投資家たちの灯台の立場に立ちたいと思っているのです。いつも不動のポジションに立ち、いつも同じ光を放ち続ける灯台です。何年経っても、同じことを言い続けられること、それが大切なんだと思うんです」

言うことがコロコロ変わる評論家たちにとっては、耳の痛い言葉かも知れない。

「株が値上がりするか値下がりするかなんて、僕にも分かりませんよ。会社の経営者だって、自分の会社の明日のことすら分からないはずです。長く会社を経営してきた僕が言うのだから間違いない。記者に聞かれるから、いかにも分かったふりをして答えているだけなんですよ」

明日も分からない。それでも続ける株式投資の心とは、何なのだろうか。

「僕はいつも言うんです。『上がってよし、下がってよしの株価かな』って。未来のことなんて、誰にも分からない。でも『徳』のある会社を買い続ければ、会社も配当で株主に報いてくれます。

株を買うということは、どんなに少ししか買わないにしても、旦那の一員になることなんです。自分ですべての責任を持つ、その覚悟さえあれば、投資はちっとも怖くなんかありませんよ」

ギャンブルの一種と見られがちな株式投資。だが竹田さんのやり方こそ、投資で成功するための実証済みの王道であることは間違いないのだ。

5　大旦那になる前、大旦那になった後

「もともと僕が大企業ばかりに投資していた理由は、自分の会社の資金需要の波を吸収するという目的が第一にあったからです。

　中小企業を経営していると、大きな資金が必要になる時もあれば、逆にお金が余る時もあります。そういう時に、いちいち銀行にお金を預けたり、融資を受けたりするのでは効率的ではありません。

　大企業であれば人材も豊富だから資金需給を平準化することも可能でしょうけど、中小企業では、そうは簡単に行きません。だから経営者として、自分の会社の資金需給に応じて、いつでも資金を供給できるようにするために株式投資をしていたのです。

　資金が必要な時に、すぐに換金できることを目的に投資していたころは、必然的に投資先は大企業ということになります。しかし大企業に投資していれば安心かも知れないけど、株主をしていても、ちっともわくわくできません。大企業にとって

は、何億円と投資している株主であっても、ちょっと大きな零細投資家にすぎませんからね。雇われ経営者たちは、個人株主には感謝もしないし振り向きもしないのです。

そのことは、山一證券が二度目の倒産をして舞台から消えた時、つくづく思い知らされました。個人筆頭株主の僕にすら、会社からはついに何の挨拶もありませんでしたからね」

そこで、竹田さん自身の会社にとって資金需要が小さくなった時、竹田さんは大旦那への道を歩み始めたのである。

「頑張っている会社を応援したいと思ったのです。大旦那が番頭にお金を出してあげて、この金で自由に仕事をしなさい、金を返す心配なんかしなくていいよというのが株式会社というものの本来の姿でしょう。

資本金というのは返さなくて良い金です。株主になるというのは幸せなこと。旦那になるということです。

そういう意味では、僕は本当にツイていると思います。大株主であることによって、無視されずに済むからです。大旦那として経営者に物を言える立場にいるからです。だから大旦那として、経営者を褒めて感謝して元気づけてあげるのが、僕の仕事だと思っています。

暴走族の少年たちと会社の経営者とを同列に並べたりしたら、きっと怒られると思うけど、でもみんな同じ人間ではないですか。

人間、正当に評価してもらえないと、やる気も出ませんし、満足に働く力も出てこないはずです。

だから、対応方法はまったく同じなのです。お手紙を書き、あるいは直接会って、ほんとうによく頑張ってくれてありがとう、と感謝するのです。褒められ感謝されると、どんな人間でもグングンと力が湧いてくるものだからです。

そもそも旦那という言葉は、サンスクリット語で『与える』を意味するダーナから来ています。英語で『寄贈する』を意味するdonateも、このダーナが語源です。

このサンスクリット語が中国に入り、音だけでなく意味も含めて漢字に翻訳されて、『旦那』という単語が生まれました。

『旦』の字は水平線に昇る朝日を示しています。つまり、町を照らす太陽が旦那という言葉の意味なのです。

町に希望の光を灯せるのは、その町に、自分の考えに基づいて行動し、自分の行動に全責任を負う覚悟を持った独立心にあふれる旦那があってこそなんです」

第5章　竹田和平さんの、幸せになる極意

1　福々しい顔をしていれば、幸せと喜びが寄って来る

竹田さんが、いつも身に付けているものがある。

「こんなの見せるの？　やだなぁ」と言う竹田さんに頼み込んで、ついに公開してもらったもの。それはなんと、巨大な純金製のメダルだった。

胆力が宿るとされる下腹部に、特製のベルトで寄り添い続けている巨大な純金メダル。表面には恵比寿像が刻印されている。

宗教団体とはいっさい関わりを持たないと日頃から言い続けている竹田さん。その彼が肌身放さず身に付けている純金メダルに、どうして恵比寿さまの像が刻まれているのだろうか。

「きっかけは、昔、四国の金比羅《こんぴら》さんにお参りをした時のことです。時ならぬ大雨に見舞われて、雨宿りのために小さな社《やしろ》の中に駆け込んだんですが、ふと見ると、あちらにもこちらにも恵比寿像が飾ってあったんですね。

七福神の恵比寿様で、ほんとうに福々しい顔つきでした。

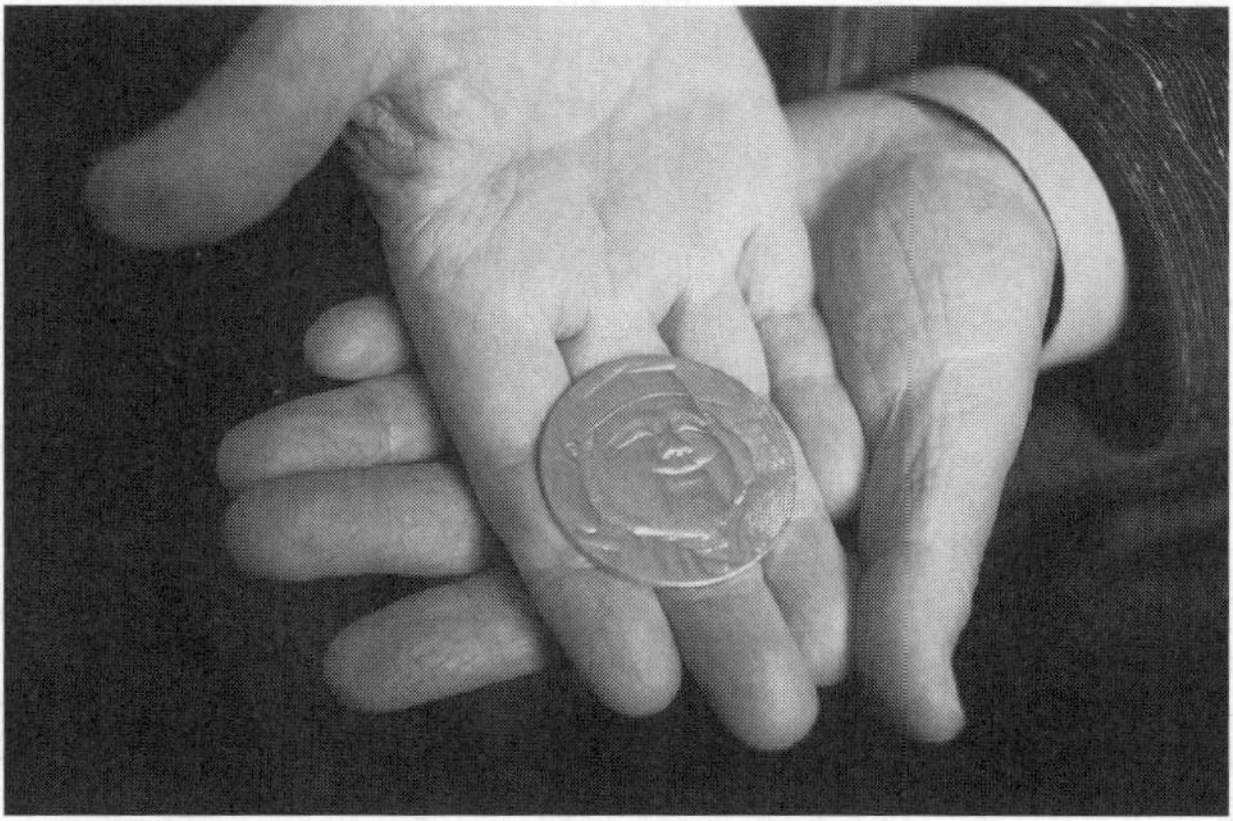

一人ぼっちで雨宿りしながら、恵比寿様たちと向き合っていて、気がついたんです。恵比寿様というのは、商売人の理想の顔をなさっているんだな、とね。こういう顔つきの人が商売をやったら、成功することは間違いないでしょう。

この人を慕って、多くの人が喜んで集まって来るお顔ですよ。その一人一人が情報を持ち寄って来る。つまり、喜びで結ばれた輪の中で、情報センターとして栄えていくというのが、恵比寿さん、あるいは金比羅信仰の真骨頂かも知れないな、と感じたのです。

それで、さっそく恵比寿様の像を彫ってもらって作ったのが、このメダルなんですよ。商売人は、人に愛され、引き立てられなければ、決して成功できませんからね」

竹田さん自身も、愛されることにかけては天才である。男の顔は履歴書と言うが、彼の顔写真を見ただけでも、多くの人に愛され、引き立てられてきた人生を容易に想像できるだろう。

竹田さんがまだ二十二歳だった時、まったく土地勘もなく、知り合いもいない北海道で支えてくれたのは、飛び込みで訪問した菓子問屋の社長であり、権利金まで延べ払いという好条件で敷地を貸してくれた地主であり、無担保で巨額の融資をしてくれた北海道拓殖銀行の支店長だった。

一目見ただけで竹田さんを気に入り、可愛がってくれた人たちだ。

誰からも愛されるというのは、先天的な才能なのだろうか。

「たしかに僕は、いつでも必要な時に、ほんとうに必要な人が現れて、手を差し伸べてくれるという恵まれた人生を送ってきたと思います。

だけど、にこにこしながら、いつも一所懸命がんばっていると、人は愛してくれるものだと思いますよ。

可愛《かわい》いという漢字が、すべてを物語っているじゃないですか。愛が可なり。愛は癒しなんですよ。

子供でも、かわいげのある子供もいればそうでない子供もいますよね。でも、常に周囲を肯定し、ありがとうという気持ちを持っていれば、運はついてくるんです。自分を愛してくれる人が多いことこそが、幸運というものの真の姿だと思いますね」

だが、どうすれば、私たち凡人が、竹田さんのように誰からも愛され、幸運に恵まれるようになるのだろうか。

2　ありがとう百万回が、幸せの第一歩なのだ

竹田さんは言う。

「愛される自信とまでは思いませんけど、僕は何を言っても人から嫌われないだろうなという自信はありますね。僕がお話をすると、皆さん元気になったと言ってくださるんです。人が来てくれてお話ができるというのは、ほんとうにありがたいことですね。

ありがとうという言葉が、そもそもの基本なのだと思います。

僕は一年間に百万回、ありがとうと唱えるのを目標にしているんですよ。

年に百万回というと、途方もないことのように思うでしょうけど、一日あたりに換算すれば三千回以下です。一日三十分間、ありがとうと唱え続ければ、それだけで三千回唱えられることになります。

お手洗いに行く時とか、夜、眠る前とか、細切れの時間はいくらでも見つけられるでしょう。だから、一年で百万回、ありがとうと唱えることは、十分に可能なの

です。あとは、実際にやってみるかどうか、挑戦しようと思うか思わないかだけの違いなんです。

とにかく、ありがとうを年に百万回、唱えることが大切なのです。

たとえ最初は形から入っても構わないのです。

唱え始めの頃は、自分に幸運が巡って来るように……というような、不純な動機でも構いません。とにかくありがとうと言い続けているうちに、気がつくと人のために言うようになってきます。そして、愛に満たされてきます。ありがとうから、愛は始まるものなのです。やってみてごらんなさい。これは本当なんですから」

ある意味、竹田さんの生き方は隙だらけの生き方にも思えてしまう。竹田さん自身は、悪い人に騙されそうになったことはないのだろうか？

「子供だって、あるいは犬コロだって、自分を愛してくれる人かどうか、この人は悪者なのかどうか、敏感に察知しますよね。いや、むしろ子供や犬コロだからこそ、理屈なしで察知できるのかも知れません。気難しい人や、怒ってばかりの大人は、犬だって敬遠します。ですから、知らない人であっても、会った瞬間に判断して、この人は大丈夫と思ったならば、直観で相手を信じても大丈夫なんです。不安なく付き合って行って、それで人間関係が出来上がるのです。

怒ってばかりいる人は、運が悪いんですよ。人を褒める人は、運が良くなりますし、悪口を言う人は、やはり運が逃げていきます。商売人として見ても、応援すればモノになりそうな人間かどうかは、一目見ただけで分かるものですから。褒められて、いい気持ちにさせられて働くというのが、いちばん幸せなことでしょう」

3　愛され上手の家族の効用

竹田さんの愛情は、いったいどこで育まれたのだろうか。

「日本人には名前と苗字がありますよね。たとえば竹田和平というと、あ、竹田家の和平さんかいな、竹田家なら、あの人もこの人もよく知ってますよ。みんないい人ですね。だからきっとあんたもいい人でしょうねという形で信用が生まれるのです。小さくても『家』こそがブランドなんですね。

家というものを中心にして家族があるという当たり前の社会構成を、日本人は一時は『不自由だから』というので捨ててみたのだけど、捨ててみたら、捨てた瞬間は便利だと思ったけど、さあ子供は生まれないし、介護の問題はどうするんだということになって、解決がつかなくなったんです」

愛情を育む場所は、やはり最終的には家庭がいちばんだと竹田さんは言う。

「実は僕は、二歳の時に、一度、死んだことがあるんですよ。

お医者さんが診察して、この子は死にましたって言って帰って行って、お経をあげてもらうために坊さんを呼びに行っている間に息を吹き返したのです。四十分ぐらい死んでいたよと、大人たちからよく言われました。だけど、それは二歳の僕が演じたものだったのです」

そのころの竹田家は、大家族が一つのボーロ菓子屋で働いていた。母親は若い嫁として大家族の中で働くだけでなく、菓子屋の仕事も行わなければならない。そして赤ん坊の世話もある。自然に、おばあさんが二歳の竹田さんの面倒を見る係になったのだろう。

だがある暑い日のこと。おばあさんには外に出る用事ができた。だが、ほかに誰も竹田さんの面倒を見る人がいない。おばあさんは、やむをえず竹田さんをタライに漬けて水遊びをさせたまま、縄で縛って買い物に行ったのだという。

考えてみると、ずいぶん乱暴な話である。

泣けど叫べど誰も助けてくれない。

竹田さんは言う。

「これはいっぺん脅かしてやらんといかんなと、二歳ながら思って、死んだふりをしたんです。

それでみんながいっぺんにビックリしちゃって、おばあさんはおばあさんで責任を感じて、もう僕から離れられなくなった。離れたらこの子はあぶないと気づいたんです。

言葉も話せない二歳の子供にも、それだけの知恵は備わっているのですよ」

もともと体が弱かった竹田さんに、おばあさんは付きっ切りで愛情を注ぐようになった。関心を払ってもらえば払ってもらうほど、それは愛情に変わっていく。竹田さんも、かわいがられれば素直に喜ぶ。喜びの表情でお返しする。なお一層、かわいがられる。

こうして愛情のフィードバックを積み重ね、愛情を育む楽しさとコツとを、幼い竹田さんは体得したのだろう。

そして、それこそが、誰にでも愛される竹田さんの能力へと進化したのではないだろうか。

「僕の場合は、おばあさんから、徳という、ひとつの信仰みたいなものを注ぎ込まれたんです。人間というのは情報の袋みたいなものです。どんな情報を入れられたかによって、人間の骨格は決まってしまうのです。

だから僕は仏教の信者ではありませんけど、仏教の精神は大好きです。仏教は圧倒的な精神体系を持っています。偉大な天才たちが数多く、仏教から出ています。

自由を許す思想なのですから」

おばあさんは、孫の中で一番の年上の竹田和平さんを、将来の戸主として特別待遇した。仏壇に参る時も、竹田さんを必ず先頭に座らせる。竹田さんも自然にお経を暗記するようになっていたから、お客さんみんなが竹田さんを褒めてくれるのだ。

「僕に笑顔を見せず、叱るような大人の顔は記憶にないのです。そう考えると、いちばん偉い人は、おばあさんだったんですね」

竹田さんも、自分の孫が小さい時から、「履物を揃えること」「庭の掃除をすること」「ご先祖さまに、ちゃんと挨拶すること」という、この三つのことだけは、キチンとしつけてきたという。

叱ってしつけるのではない。笑いながら褒めながら、しつけるのだ。

小さい子供でも、この三つができるようになると、家に来るお客さんは、みんな孫を褒めてくれるようになる。小さな小さな子供が自分の履物を揃えてくれるのだから、来た人はびっくりする。そして褒めるのだ。

褒められるから子供は伸びる。良いことをして多くの大人から褒めてもらえる喜びを味わった子供は、自分からグングン伸び始める。

「大人に頼んで子供を褒めてもらったわけではありません。褒められるべき点があるからこそ、お客さんは自然に子供を褒めるのです。だから子供の頃に一度も褒めてもらったことがない子供は、ある意味で、とてもかわいそうです。他人から愛される方法を身につけずに世の中に出て行くことになるのですからね。

子供を褒めて育てようと世間で言いますが、褒めるべき点がない子供を褒めるのは、誰にとっても、とても大変なことです。よその大人にその役割を求めることはできません。

だから、遊びにことよせながら、子供にはキチンとした基本的なしつけを行う意味があるのです」

だが、人は親を選ぶことはできない。竹田さんの子供や孫に生まれることはできない。子供を褒めない親、子供を虐待する親のもとで育った人だって、少なくないはずだ。竹田さんや竹田さんのお子さん、お孫さんのように濃密な愛情に包まれて育ったわけではない人の場合、どうすれば誰にでも愛されるようになるのだろうか。

「相手を否定するような環境に置かれて育ったら、どうしても相手や世の中を否定したくなりますよね。都合が悪いことは全部相手の責任、世の中の責任にしたくなる。これはある意味で自然なことだと思います。

でも、自分を否定しようとする人が現れたら、そんな時、これはきっと何か自分を発奮させるための意味があるんだろうと、僕は考えるようにしています。今はまだその意味が分からなくても、いつか良い意味があったことに気が付くはずだと考えるのです。

だから、どんなにイヤだと思ったことでも、自分の受け取り方を変えて、悟りと言うと大げさですが、そのまま手を広げて受け入れようと努力するのです。世の中を変えることはできません。自分で変えることができるのは自分自身だけなのですからね。

こうして、とにかくまずは受け入れてみる。そうすれば、やがてその意味が分かる時が来ます。イヤだと思ったことを受け入れて、後から考えると正解だったなという経験を、実際に何度も体験していく中で、はじめて身につけられることなのかも知れません」

誰一人、親を選ぶことはできないけれど、少なくとも親は、私たち自身を判断力のある大人になるまで育て上げてくれたのだ。

判断力を備えた大人になったなら、自分の意志の力で、自分自身を変えて行くことができるはずだ。

大人なのだから、自分の意志で自分自身を、しつけ直してみる。相手に喜んでもらうために何をすれば良いかと考える習慣を、身につける。ありがとう百万回を唱えてみるのだ。

こうして他人から感謝される機会に何度も触れているうちに、たとえ生まれた時には愛情に恵まれなかった人であっても、人に愛される人に生まれ変わることができるのである。

人間一人に合わせて世の中のすべてを変えることはできない。だが、自分自身を世の中に愛される人間へと変えることは、誰にでもできることなのである。

4　怒りのエネルギーに襲われた時、どうすればいいのか

しかし、誰にでも、怒りを抑えられなくて辛い時はあるだろう。

そんな時、たった一文字で幸せになれる文字があると竹田さんは言う。

同じことを弟子に尋ねられた孔子が、それは『恕《じょ》』だと答えたのだ。『怒』と実によく似た文字だが、二つの文字の意味は正反対である。

「恕という文字は、女の口の心という、不思議な文字です。この口とは赤ん坊の口なんですね。つまり乳房を含ませている時の女の人の心のことなんです。

お母さんが赤ん坊に乳を飲ませていて、赤ん坊からオシッコを掛けられたらどうでしょうか。自分は相手のために尽くしているのに、相手は自分にオシッコを掛けてくる。もしも赤の他人にこんなことをされたなら、さぞかし腹が立つはずですよね。

だけどそれが自分の赤ちゃんだったらどうでしょう。違いますよね。可愛い可愛いと、お母さんは何でも許すでしょう。

『恕』の心。それで行けばいいのです。恕の文字を頭に浮かべれば、もっともっと人はきれいになれるんです」

怒りという、マイナスのエネルギーでも、自分が都合のいいように転換すれば、やがてプラスのエネルギーになるのだ。『怒』を『恕』に転換するのである。動物にはできないことかも知れない。だがそれが可能なのが高等な人間という生き物なのだ。

たとえマイナスのエネルギーであっても、少なくともエネルギーであることには違いない。だから、自分の中で都合の良いように転換すればいいのだ。済んでしまったことは、しかたがないことなのだから。

第6章　竹田さんのすすめる、貯徳人生

1　政府に頼ってはいけない。政府はネズミ小僧ではないのだから

自分を幸せの花咲じいさんと呼ぶ竹田さんは、もっともっと旦那を増やしていかねばならないと考えている。

自らリスクを取れる人たちを増やし、「旦那道」を広めて行く必要があるのだと言う。

「アメリカの大統領が、就任演説でたいへん重要なことを言いました。福祉を民間が主導してこそ民主主義である、と言い切ったのです。福祉は、民間が主体となって行うものである。民間がイニシアチブをとって行う福祉に対しては、政府は援助しますよ、手を差し伸べますよと言ったのです。資本主義、民主主義の総本山の大統領が、政府は黒子《くろご》に過ぎないのだと言い切ったところが重要だと思うのです。

お金持ちというのは、みんなから感謝されたいと思っています。ありがとうと言ってくれるのなら、お金は使いたいのです。お金持ちが喜んでみんなのためにお金を使える方向に税制を大きく変えるべきです。自分の意志で旦那としての行動がで

きるようにすべきなのです。

ところが今の日本は、政府自身がネズミ小僧をやっている。

本物のネズミ小僧は民間人でしたから庶民は拍手し感謝したのであって、政府がネズミ小僧をやっても国民は誰も感謝しないでしょう。福祉なんて、相手が政府なら、施してもらって当たり前だとみんなが思います。お金をもらっても感謝がない。もっとよこせと不満ばかりを言うようになります。

政府は審判に戻るべきなんです。審判がプレーヤーを兼任するなんて、異常な姿です。福祉は民間がやるべき民間の仕事であるはずです。

僕は、自由市場を相手にしている人は信用するんです。市場で生きている人が市場に見放されたら、自分を変えるしか方法はないからです。お客が喜べるものでないと存在できないからです。

だけど税金を食って生きている人たちは、自分を変えるという発想がまったく欠落しています。自分を変えずに周りを変えようとばかりする。その結果が積もり積もって八百兆円の借金の山になったのでしょう」

果敢にリスクを取ろうとする国民の足を引っ張るようなことばかり、政府はしていると竹田さんは言う。税制は、正直者に課せられた罰則なのではないかとも。

「合計すれば、僕は百億円以上も税金を納めてきましたが、その僕が言うのですが、もっともっと数多くの旦那が出てこられるようにしなければいけません。そうでないと日本の信用秩序は維持されないからです。

いまや配当利回りが年四〜五％にも迫るような優良会社の株式がごろごろ転がっています。それなのに、金融資産を千四百兆円も持っている日本国民が、ほとんど株式投資をしないというのは不思議でならないのです。

株式を買えるということは幸せなことです。旦那になれるということですし、ひいては日本という国の信用秩序の維持に一肌脱ぐということだからです。株を買うということは、みんなに喜んでもらえるということなのです。

それなのに、今、割安な株がいっぱい転がっているのに、みんなどうしたのでしょうか。

銀行預金がゼロ金利でも、元本さえ安全であれば、自分さえ幸せであれば、それで満足できるのでしょうか」

2　今の金融機関が、見失ったもの

株で失敗して苦しんでいる右代表と言えば、ご存じ金融機関である。官によるその場その場の場当たり的な指示に振り回されて、あっちこっちへと右往左往させられたあげく、青息吐息で苦しんで来たのが、昨今の金融機関である。

「昔の銀行は、違いました。ダメな企業を建て直すとなれば、銀行員が自腹を切り、親戚縁者からギリギリの借金をして相手先の株を買い、個人として背水の陣に立ち、全責任を負う経営者として乗り込んで行ったでしょう。

阪急の創業者の小林一三《いちぞう》さんを知っていますか？　彼も、もともとは一介の銀行員ですよ。

身銭を切り、相手先と自分の運命は一蓮托生という状況にまで追い込まれてこそ、はじめて経営の建て直しも可能なんです。

しかし今の銀行員は、どうですか。

勉強はできるのかも知れないけど、小林一三さんのような覚悟を持って行動している人は、いったい何人ぐらいいるでしょうか。

今の銀行では、各大学から優秀な人材を集めておきながら、ただひたすら人材をスポイルしてしまっているのです。そうしておいて、苦しんでいる融資先に行って、金も出さずに『あんたの立場も分かるよ……』なんて口先だけで同情したって仕方がありません。

銀行を立ち直らせることは、そんなに大変なことではありません。銀行の持つ不良債権を、債権放棄するのではなく、銀行の中の若い人材に安く買い取らせればよいのです。さあ、自分の才覚で再建したい奴はいないかと募集するのです。銀行本体に、金はあるのですから。

若手社員を潰してしまうわけには行きませんけど、真剣にさせるためにも、少なくとも年収の数年分の金は賭けさせるべきです。ダメ会社の大株主になった上で、乗り込ませるのです。若手社員には家屋敷も担保に入れさせ、親戚縁者からも借りて金を用意し、真剣に乗りこめとね。その代わり成功すれば、一躍、億万長者の仲間入りです。

そこまでお膳立てすれば、確実に不良債権問題は解決しますよ。それだけの人材は、キラ星のごとく銀行には揃っているのですから。

しかし実際には、今の銀行のやってることは方向はずれです。お前は虎の児を取って来い。取ってきた虎児はおれによこせなんて言われて、いったいどこの誰が虎の穴に入るでしょうか。銀行がダメなのは、銀行が銀行員をスポイルばっかりしているからなんですよ」

しかし実際には、会社を建て直すことができない経営者だっている。そんな時には、竹田さんも、大株主として行動せざるを得ない。

「褒めても励ましても、ぜんぜん懲りない人も、中には、います。そういう人に対しては、もしかしてあなたは、経営とは違うことをしていたほうが、楽しいのではありませんか、とお聞きすることもあります。経営できない人が経営者になっても、苦しいだけです。そういう人にはキチンとお話しします。

あなたは人さまのお金を預かっているのですよ。自分には役員報酬を払って、相手には払わないということは、なかなか通るものではありませんよ。

来期の業績の見通しは、どんなふうに考えておられるのですか。前期も前々期も赤字で、今期もまた赤字を予想しているようだけど、もうそろそろ利益を上げましょうよ。たとえ今期はダメだとしても、来期は、せめて売上の四％の利益は上げて

ください ね。

売上はあるのだから、利益だって捻出しようと思えば、いくらでも捻出することはできるはずですよね。経費を一律四％ずつ削るだけでも、四％の利益は捻出できるはずでしょう。この場で、来期の復配を約束してくれませんか、と。

そう言うと、中にはモジモジとする経営者もいます。いやぁ、実はいろいろとありましてねぇ、と言った経営者もいました。

ぼくはその人にだけは言いました。

いろいろあるような人には期待しません。いろいろがない人に任せればいかがですか。

そうしたら、ほんとうにその人は辞めてくれました。そして新しい社長は、無配予想を変更して有配にしてくれました。なんと言っても社長というのは利益を上げるために存在する人なのですから、いつまでたっても赤字赤字というのでは、話は通らないのです」

総会屋問題をマスコミが取り上げるなかで、モノを言う株主というのは絶対悪だという宣伝が、国民全体に刷り込まれてしまったのではないだろうか。そしてそれをいちばん喜んでいるのは「官」であると竹田さんは見ている。

「官にとっては、日本国の全部を自分たちだけで仕切りたいという強い欲求があるわけです。そのためには、自分の頭で物事を考える『自立した旦那』という存在が、ジャマでジャマで仕方がないのでしょうね。

そもそも今の日本経済の四割は、なんらかの意味で官の支配下にあるとも言われていますから、もう大部分、官の野望は達成されているとも言えるのですけどね。株主が口を出すのは悪であって、監督官庁の御指示によって会社が動くのが正しいというような、刷り込まれてしまった意識の下では、日本の景気は、永遠に回復しないかも知れません。

株式投資の王道とは何かという点を考えてみますとね。そもそも株式会社っていうのは、ある一つの仕事の企画を考えた人が発起人となり、賛同してくれた旦那衆から資本を預かって、その理念に従って始めたものです。

つまり、会社の理念を継承しているのは経営者ではなくて、旦那衆の側なんですよ。株主こそが、会社の理念を継承していると言えるわけです。会社の理念を輝かせてほしいと願うのは、その理念に共感して出資をした資産家の当然の希望なのです。それこそが、資産を持った者の喜びというものなのではないでしょうか。

理念なき経済は罪悪である。これ、誰の言葉だと思いますか。

二宮尊徳さんの言葉なんです。深く噛みしめるべきだと思うのです。

株に価値がある本当の理由は、それが生産手段を所有するということだからです。この当たり前のことを、当たり前に実現するために、株主は発言していく義務があるのだと思います」

3　株式投資の王道と旦那道

日本経済が崩壊の淵に直面していることは、誰もが認める事実だろう。

だが竹田さんは、私たちが毎日、楽しく暮らすための基盤、すなわち自由主義社会そのものが崩落してしまう可能性について、危機感を抱いている。

「資本主義というのは、市民が互いに相手を信用しあうことによって初めて成り立つ社会です。そして株式というのは信用が根本にあります。

株価が暴落するというのは、信用秩序が根底から崩壊してしまうということです。これは絶対に防がなくてはなりません。

しかし政府には信用秩序の崩壊を防ぐ力はありません。銀行にも不可能です。なぜなら政府の金も銀行の金も、元をただせば、すべて国民の金なのですから。信用崩壊を防ぐのは、私たち金融資産を持っている国民一人一人が行動するしかないのです。

実はこれから先四年、日本は冬の時代を迎えるかも知れないと僕は思っています。

日本は劇的に変わります。それは必ずしも良い方向に向かないかも知れません。しかし、旦那が立ち上がって行動すれば、愛と感謝に溢れる世の中に変えていくことは、まだまだ可能だと思うんですよ」

私たち国民の一人一人が、この資本主義を支えていくこと。それは竹田さんの経験が語るように、ほんとうはわくわくできることなのだ。義務感によって国民がイヤイヤ株を買い支えるのではない。

旦那を中心にして、ありがとうの輪で結ばれた、愛と感謝に溢れる世の中になれば、どんなに明るい時代になることだろうと竹田さんは言う。

「これから日本が旦那時代を迎えられるかどうか、今が分岐点だろうと思うんですよ。この先の日本を、自分のことだけしか考えない時代にするのか、それとも愛と感謝に溢れる時代を作ることができるのか。僕たちの行動に掛かっていると思うのです」

4　もれなく純金の記念メダルを、プレゼント

今、竹田さんは、政府から挑戦を受けていると考えている。

ほかならぬ、株式配当税制の大変革こそが、その挑戦だ。

数年前から、株式の配当金の税金は、十%の源泉分離課税で完了するようになった。

それまでは、竹田さんが配当金をもらっても、その実効税率は約五十%にも達していた。もらった配当のほぼ半分は政府に召し上げられていたのである。そう考えると、竹田さんにとっては、この新税制は大幅な減税になったのである。

「この新しい税制のおかげで、僕は毎年一億円近い税金を軽減してもらえることになりました。

これまで政府は、僕から取り立てた税金を、実にヘタクソに使ってきたのですが、これからは、お前自身が自分で使えと言って投げ返してきたのだと、僕は考えています。政府は僕に、減税した税金の使い方について挑戦してきたのです。

そうであるなら僕は、軽くなった税金、毎年およそ一億円分を、政府が使うよりもずっと効率的に世の中に還元しなければいけないな、と考えています。これは政府からの挑戦なんだから、官が考えるよりも上手に使い、世の中を明るくしなければなりません」

だから竹田さんはここ数年、その年の二月四日（竹田さんの誕生日）に生まれた日本中の赤ちゃんに、もれなく純金の記念メダルを贈りつづけている。住民票を添えて生年月日を証明するだけで、かならず純金メダルがもらえるのだ。（応募の宛先　〒452—0803　名古屋市西区大野木2—1　竹田和平さん）

二月四日に日本国民として生まれたというだけで、ずっしりと重たい純金メダルがもらえるのだとしたら、子供たちにとっても、これほどラッキーで幸せなことはないだろう。

「自分は生まれた時からツイている」と子供が感じてくれたら、きっと子供も親も幸せになってくれるのではないかと竹田さんは考えたのだ。そうすれば、きっとよい子に育ってくれるだろう。

ありがとう、おめでとうという喜びの輪。それは生まれた本人だけでなく、子供を産んだお母さんも、お父さんも、家族全員が喜びに包まれるというアイディアなのである。

　そして、喜びを受け取った二千二百十二名（二〇〇七年末時点）もの赤ちゃんからの感謝の気持ちが、竹田さんにも大いなる喜びをフィードバックしてくれるのだ。幸せや喜びは、ゼロサムではないのだ。

「彫刻家の池田宗弘さんにお願いして、にこやかに笑う恵比寿像のメダルの原版を、誕生日プレゼントのために彫ってもらいました。今、僕が日本中の赤ちゃんに配っている純金の記念メダルの原版がそれです。

　政府からの挑戦を受けて立ち、これからも、僕の命の続くかぎり、毎年毎年二月四日に誕生した赤ちゃんには純金メダルをプレゼントし続けたいと思っています。そして、金メダルをもらった子供たちが成人式を迎える日を、僕はほんとうに楽しみにしているのです」

　これをきっかけに、日本中に次々に旦那が出現し、幸せの花のタネが播かれることを、このケタはずれの「花咲じいさん」は本気で願っているのだ。

「三百六十五人の大旦那が現れて、三百六十五日それぞれにアイディアを凝らした『花咲かせ』を実施してくれれば、日本はどんなに明るくなることでしょう。

　世の中に花を咲かせてやろうと思っていると、それまで見えなかったものが見えて来るのです。とてもおもしろい現象だな、と思っています。

みなさんも、自分がおもしろいと思ったことは、すぐに自分でやってみましょうよ。自分が周囲に与えたものは必ず自分に返ってくるものだからです。

サンタさんや花咲じいさん、恵比寿さまなど、みんな幸せそうな顔をしているでしょう。あれはなぜだと思いますか。

周りを喜ばせようと努めていると、本人がいちばん良い顔になるのです。

年を取ったら花咲じいさん。それがいちばん楽しいことではありませんか」

5　貯徳人生のすすめ

「ヨーロッパではボランティア時代だと言ってますけどね、徳の芽を一斉に出さなければならない時代がやってきたのだと思うのです。

ところが日本では、介護保険を政府が導入したことで明らかなように、政府は国民に対して介入する領域を、隙あらば広げよう広げようとしているんです。世界中の流れに逆行しているのですね。

介護保険で介護されている人達を見ると、患者の側は笑顔を見せないんです。笑顔を見せない人の面倒を見るのは大変だなと僕は思います。患者が、本当にありがとうと笑顔を見せてくれるだけで、介護する側の人も癒されると思うのですけどね。

患者の側にも、介護をする人は自分に対して愛情があってやっているのではなく、マニュアルによって商売としてやっているだけだという意識があるのでしょうね。

民間が自助でできることに対して、政府が介入しようとするところに無理の根源があるんです。自由主義経済にあって政府が価格に介入しようとするから、どうしようもなくなるんです。

今、いろんな社会問題がありますが、根源なんてシンプルなものです。その根源を直さずに、表面に出てくる問題を次々にモグラ叩きみたいに叩こうとするから一向に問題が直らないのです。

犯罪でも、最近はウップン晴らしだけが目的みたいな犯罪が多発していますよね。しかし、もしも『ありがとう』と言う人ばかりだったら、そんな犯罪を起こすでしょうか。感謝の反対側にいるから犯罪を起こすのではありませんか?

百万人の人がいて、『ありがとうありがとう』と言うようになれば、日本中があリがとうに染まるようになるでしょう。そうなれば、犯罪はゼロになりますよ。犯罪がゼロになれば、十年間で五十兆円の予算が削減できるのではないでしょうか。『ありがとうの輪』を日本中に広げるための予算に比べれば、何千倍、何万倍の効果がある投資になるでしょう。

投資というのは誰だって最初は自分だけのために始めるわけです。これは投機みたいなもので、当たったり外れたりゼロサム世界だから、当たれば当たるほど次の損が大きくなります。

これではダメだ。世の中のためになる投資でなければダメだと気づくと、初めて、まずまずの成功が得られるようになります。

だけどそこでもう一つ、『自分のためという意識』を抜いてみるんです。そうするとものすごい世界が広がります。投資が『何％』の世界から、『万倍』の世界に進歩するんですよ。

このことは、一歩一歩、過程を踏んで行かなければ、なかなか理解できるものではないかも知れませんが、きっとあなたにも、そういうポイントが分かる日が来ます。

それが今、僕がやっていることなのです。

僕はここ十年ほど、二月四日、つまり僕の誕生日と同じ日に生まれた日本の赤ちゃんに対して、無条件で純金のメダルを贈りつづけてきました。

純金メダルの金《きん》の原価は一枚あたり四万〜五万円ぐらいのものかも知れませんが、貰った側の喜びはいったい何百万円、何千万円になるでしょうか。

赤ちゃんが大きくなると、生まれた時から『自分は見も知らぬ人から純金メダルを貰えた、祝ってもらえた』と思えるだけでうれしくなりますよね。うれしい気持ちを利益と考えたなら、その利益はものすごく大きなものになるでしょう。もちろん喜びを感受する本人の能力にもよりますが。

どんなに喜んでも、喜びの元手は減らないのですよ。純金は純金。すり減ることもありません。元本が安全で、利息は計り知れないというのが、日本中の赤ちゃんへ僕が贈り続けている純金メダルプレゼントなのだと思うのです。投資が『何%』の世界から、『万倍』の世界になるとは、こういうことなんです。

昔は『運がいい』とか『運がない』とは、言わなかったと思います。昔は『徳がある、徳がない』という言いかたをしていたんです。

徳というものにはものすごく包容力があります。なんでも徳だ、極端に言えばお金も徳の一部だ、ってことになる。運がいいのも徳のおかげだ、ということになります。

これからの日本は、工業の世界では追いつかれ、追い抜かれる一方になるかも知れません。そんな中で、日本の向かうべき道は、文化の面で発展して世界に尊敬される国になることしかありません。日本文化を世界に広げていく、そういう道しか狭い日本には残されていないと思うのです。

これまでの大量規格生産・大量販売のような、マニュアル的なやり方ではなく、多様な日本人一人一人が精根込めて文化作品を作り上げ、それを愛して、みんなが仕事できるような世の中を作らないといけないと思うのですね。文化こそが究極の消費なのですから。

そこで今、僕は貯徳問答講というものを始めたところなのです。貯徳というのは僕の造語ですが、問答講の場をベースとして、この日本に徳を発信できる人材によって、徳の世、感謝の世を拓いて行ければ良いなと思っているのです。

今、私たちの言葉は光を持ちました。その時代の力を認識してもらいたいと思っているのです。言葉は想像を絶する力を持ったんです。

これまでは政府だけが力を持っていました。第二次世界大戦なんかでもラジオでヒトラーが叫び立てるから戦争になっただけです。ヒトラーの言葉に民衆は逆らうことができなかったのです。

しかし今ではみんなが言葉を持てたのです。文章の力があれば誰でも発信できるのです。そういう徳の世が、これから広がろうとしているのだと思うのです。

日本でリーダーに徳がないことは、戦争をやって、国民のみんなの目に明らかになってしまいました。

リーダーに徳がなかったために外交政策も失敗しました。国民はいじめられてメチャクチャになりました。

戦争しか選択の余地がなかった、今でもあれは自衛の戦争だったと言う人もいますが、それは間違いです。自衛のために戦争に突入したのではないのです。自衛のための『コミュニケーション能力が不足していた』ために、日本は戦争に引きずり込まれただけなのです。

民間で、日本の旦那と向こうの国の旦那とが直接、話し合って、この争いはワシらが預かるから、ワシらの顔を立てて矛《ほこ》を納めろや……というような解決は、これまでは荒唐無稽な夢だったかも知れないけど、これからは、それが可能な時代になるのです。それが言葉が光に乗ったという意味なんです。

コミュニケーション能力の不足こそが原因なのです。それが今ではすごい能力ができあがったのです。民間人というのは基本的に、どこの国でもほとんどが平和主義者で、ごく一部が権力を握って戦争をやりたがるだけなのです。だからこそ、コミュニケーション能力が発展した現代こそ、向こうの平和主義者とこっちの平和主義者、平和と平和がガッチリ手を結んでいける時代になったのではないかと考えるんですよ。

民間は、すごく平和を願っています。商売をする者は、なによりも平和がありがたいのです。それを経済を知らない人がガナリ立てて、たとえば中国などをあたかも仮想敵国みたいに仕立て上げていくんです。そういう観念に乗せられて来たんです。しかし、言葉をみんなが発せられるようになった今、言葉が光に乗って地球を駆けめぐるようになった今、一部の者だけが権力を振るうようなことは、やりにくくなってきているのではないでしょうか。

こうした視点から考えると、徳がないとリーダーになれない時代がすぐに来るはずだと僕は思うのです。今の時代は利害関係でリーダーになれたとしても、もうすぐまもなく徳のある人でないとリーダーにはなれない時代が来ます。

このまま行けば、二〇一〇年から三〇年までの間は、おそらく日本は冬の時代を過ごすことでしょう。その時期を貯徳時代と位置づけて、徳というものにフォーカスして徳を積み上げて行けば、次の時代は徳の時代が来るというシナリオです。あとから考えると、たしかに今こそが、貯徳の活動を始めるべき時期だったのだな、と得心できるのではないかと思うのです。

日本が生きる道は貯徳の道以外にはない、と僕は思ってるのです」

あとがき

日本一の大投資家、竹田和平さんは、決して株を買い煽らない。みずから相場を作ることもしない。それでいて、竹田さんは上場会社百数十社もの大株主なのだ。だが竹田さんの投資方法は、あまりにもまっとうな方法である。まっとうすぎて、私たち零細投資家にとっては驚きの連続かもしれない。

安くなれば株を買い増しする。買えば何年でも持ち続ける。こうしてゼロからスタートして、百数十社の大株主という隠れなき巨億の富が築き上げられたのである。そのキーワードは、旦那心による投資だ。

竹田さんは言う。上がってよし、下がってよしの株価かな、と。

上がれば単純に嬉しいけど、下がれば買い増しできるから、それもまた嬉しい。こんな達人の心境に竹田さんが至ったのは、どういう人生を歩んできたからなのだろうか。

筆者と竹田さんとの出会い、それは一九九九年の初夏のことだった。

筆者が注目し、投資をしていたいくつかの銘柄の大株主欄に、これまで聞いたことがない竹田和平という名前が一斉に新登場したのがキッカケだったのである。

調べてみると、その竹田和平という人は、一九九九年の春に、なんと一気に上場会社三十五社もの大株主欄に新登場していたのだった。その直前までは、『会社四季報』を隅から隅まで眺めても、竹田和平という名前など、ただのひとつも見つからなかったというのに。

驚いて筆者は何人かの知人に聞き回ったのだが、竹田和平さんのことを知る人はいなかった。

しかし竹田さんが大株主に名を連ねる会社には、共通の美点が揃っていた。いずれも株価が低迷している隠れた優良企業なのである。見れば見るほど、竹田さんの投資方法には興味を惹かれるばかりなのだった。

おりしも当時、日本は金融恐慌に襲われていた。金融機関が次々に破綻し、大混乱が続いていた。山一證券や三洋証券、長銀や日債銀や拓銀という大銀行、そして多くの生損保も無事ではなかった。消えた金融機関は数知れず、生き残った金融機関でも、再編再編で、今ではかつての名残すら見つけることも困難だ。

そんな混乱の渦中にありながら、割安に放置され、見放されたままの小型優良株へジックリ静かに投資を進めていくスタイルこそ、ほんとうに尊敬に値するものだと筆者には思えたのである。

しかし、いったいどういう方法で、優良で割安な銘柄を発掘しているのだろうか。どのような人生を歩んで来ると、竹田さんの投資哲学に至ることができるのだろうか。

これはぜひとも竹田さんにお目に掛かって、直接お話を伺いたいものだと筆者は思ったのである。

ほどなく、チャンスは訪れた。雑誌の連載記事の取材にかこつけて、名古屋に竹田和平さんを訪れることができたのだ。

インタビューの時間は予定を大幅に超え、延々と続いた。

竹田さんの強い決意。自分の生き方は自分で決め、責任は常に自分自身で負うのだという強い決意と、その決意から生まれた「旦那としての生き方」の哲学に筆者は魅せられ、強い印象を受けたのだ。

ただ単なる大金持ちの個人投資家ではない、奥の深い経験に裏打ちされた哲学だ。

竹田さんほどの人生勉強をするチャンスは、だれにでもあるわけではない。竹田さんのように会社をいくつも立ち上げ、育て上げる経験ができる人は、めったにいないかもしれない。だがそれでも「竹田さんの哲学に学ぶ」ことはできるはずだ。

誰かが推薦する株を何も考えずに買うことは、投資とは呼べない。投資雑誌や投資顧問や証券アナリストなどの「専門家」なら、自分の知らない有利な情報を知っていて、掘り出し物の株を発掘できると思うのは、幻想に過ぎない。

現に竹田さんは、誰でも買える『会社四季報』だけによって銘柄を選択しているのである。

ただしこれは重要な点だが、たとえ『会社四季報』を見て、ある銘柄の大株主欄に竹田さんの名前を見つけたとしても、それだけを理由に衝動的に買ってはならない。竹田さんも言うように、自分で考えずに他人に依存する投資は、いかなる投資であれ、まともな投資とは呼べないからだ。

自分のお金、自分の人生なのだから、自分で考え、自分で投資方法を決定するべきなのだ。この本が、そのための一助になることを、筆者は期待している。

豊かで楽しく喜びに包まれた人生を送るためにこそ、投資を行うべきなのだ。そして投資する以上は、必ず成功するべきなのだ。株がスランプの今こそが、そのための大きなチャンスなのである。

誰からも愛され、年を取ったら旦那さんと呼ばれる幸せ。竹田さんの生き方、考え方、哲学が参考になれば幸いである。

最後に、この本が出版にこぎ着けられたのは、出版社という枠を超えた多くの出版人のご恩があったからこそということを告白しなくてはなりません。

最初に単行本を出版してくださった自由国民社の大越正実さんと森誠一郎さん。宝島社、ソフトバンク クリエイティブや某証券会社社内報の編集者のみなさん。いまだ発売中のムックから記事だけでなく写真の流用も快諾してくださった講談社の鈴木章一さんと見田葉子さん。そして文藝春秋の木俣正剛さんや鈴木洋嗣さん、柏原光太郎さん、柚江章さん。評論家の田中勝博《よしひろ》さん。また、ここには名前を挙げられなかったけれど、ほんとうに多くのみなさん、ありがとうございます。

そして、なによりも素敵な花咲じいさん・竹田和平さんのお蔭です。

ワガママな筆者にお付き合いいただきまして、みなさんほんとうにありがとうございました。

著者しるす

平成二十年七月

本書は、単行本『日本一の大投資家が語る大貧民ゲームの勝ち抜け方』（二〇〇三年十一月・自由国民社刊）および、「TITLE」（文藝春秋）二〇〇〇年九月号筆者寄稿記事、「別冊宝島」（宝島社）九九九号筆者寄稿記事、同一二七九号筆者寄稿記事、「文藝春秋」二〇〇三年二月号筆者寄稿記事、「宝島」（宝島社）二〇〇六年四月号筆者寄稿記事、講談社MOOK「マネーの王道」筆者寄稿記事、某証券会社社内報への筆者寄稿記事をもとにし、あらたに文庫本化のためにインタビューを行い、全面的に加筆・改稿したものです。

本文写真・渡部さとる
（109頁をのぞく）

文春文庫

花《はな》のタネは真夏《まなつ》に播《ま》くな

定価はカバーに
表示してあります

日本一《にほんいち》の大投資《だいとうし》家《か》・竹田和平《たけだわへい》が語《かた》る旦那的投資哲学《だんなてきとうしてつがく》

2008年10月10日　第1刷

著　者　水《みず》澤《さわ》潤《じゅん》

発行者　村上和宏

発行所　株式会社　文藝春秋

東京都千代田区紀尾井町 3-23　〒102-8008

TEL　03・3265・1211

文藝春秋ホームページ　http://www.bunshun.co.jp

文春ウェブ文庫　http://www.bunshunplaza.com

落丁、乱丁本は、お手数ですが小社製作部宛お送り下さい。送料小社負担でお取替致します。

印刷製本・凸版印刷

Printed in Japan

ISBN978-4-16-775601-7

文春文庫

ノンフィクション

（　）内は解説者。品切の節はご容赦下さい。

田宮俊作
伝説のプラモ屋
田宮模型をつくった人々

自他共に許す世界最大のプラモデルメーカーの社長が語る、とっておきのプラモデル開発秘話。CIAからカルロス・ゴーンまで、タミヤを取り巻く人々はキットに負けず劣らず個性的。

た-45-2

田澤拓也
脱サラ帰農者たち
わが田園オデッセイ

三井物産、住友銀行、松下電器……長年勤めてきた会社を辞めて、熟年世代の彼らは何故農業への道を選んだのか？　日本全国数多くの〝帰農者〟たちの本音と実態に迫る。　（高野孟）

た-55-1

田中辰巳
そんな謝罪では会社が危ない

どうして企業はかくも謝罪がヘタなのか。雪印、森ビル、ダスキン、東芝……、豊富な事例を他山の石としながら、企業危機管理のプロが会社とあなたを救う究極の「お詫び術」を指南！

た-62-1

畑村洋太郎
決定版　失敗学の法則

回転ドア事故、不良債権、リコール隠し……。失敗はなぜ起こり、失敗をどう活かすか。全社会人必須のノウハウ「失敗学」を法則化した、畑村流・実践的ビジネス書の決定版。（柳田邦男）

は-28-1

畑村洋太郎
起業と倒産の失敗学

時代の寵児となり、そして消えていった起業家たち。その失敗はなぜ起こり、そこに何を学ぶか？「失敗学」の提唱者がベンチャー企業の倒産から、強い会社のつくり方を解き明かす！

は-28-2

畑村洋太郎
決定学の法則

「決定」とはなにか？「失敗学」提唱者が人間の思考過程と迷いを明らかにし、最善の解を導くノウハウを指南する、実践ビジネス書の決定版。吉野家・安部社長との対談を特別収録。

は-28-3

（　）内は解説者。品切の節はご容赦下さい。

東大で教えた社会人学
草間俊介・畑村洋太郎
人生のリスクをどう仮想演習して最適なプランを設計するか？働く意味から人生設計に必要なお金の知識まで、目から鱗の実社会の暗黙知を伝授。東大工学部の大人気講義が一冊に！
は-28-4

大往生の島
佐野眞一
瀬戸内海に浮かぶ老いた過疎の島で、人々はなぜかくも明るく逞しく生きているのか。きたるべき高齢化社会に一条の光をもたらす、著者会心のノンフィクション作品。（出久根達郎）
さ-11-6

小泉政権——非情の歳月
佐野眞一
異形の秘書官・飯島勲、一族の血の結束を体現する姉・信子、そして政権生みの親・田中真紀子。三人のキー・パーソンを介して迫る、「孤高の総理」の謎に満ちた実像。（伊藤惇夫）
さ-11-7

妻の王国
家庭内〝校則〟に縛られる夫たち
中国新聞文化部編
家事育児は当然、飼猫の糞の始末から小遣い、休日も妻に仕切られ「座ってオシッコして！」と強要される情けない夫たち。姑、小姑を巻き込んでの大論争を呼んだ新聞連載に投書百本掲載。
ち-5-1

男が語る離婚
破局のあとさき
中国新聞文化部編
オレはもうキレた！　別の人生があってもいいじゃないか。会社にも妻子にも疎まれ、〝屋根の下の難民〟と化した悲しい夫たちを徹底取材。究極の選択をした男の本音と、その顛末を描く。
ち-5-2

この結婚
明治大正昭和の著名人夫婦70態
林えり子
九鬼隆一、益田孝、伊藤博文に小林一三……。近代化の担い手達が、〝新しい結婚〟を実践したために陥る赤裸々な愛憎劇。七十の結婚エピソードから日本人の結婚観・私生活が見える。
は-27-2

（　）内は解説者。品切の節はご容赦下さい。

齋藤孝
スラムダンクな友情論
『スラムダンク』『稲中卓球部』から坂口安吾『青春論』、小林秀雄『私の人生観』まで、少年時代に読むべき名著を例に、教育界の寵児・齋藤孝が十代の読者へ贈る、まっすぐで熱い友情論。

さ-38-1

齋藤孝
くんずほぐれつ
「カモン、ユーア・ガイズ！」レッド・ツェッペリンのライブでの魂を震わす体験。ずらしの技法から、偏愛、怒りの技化まで、「齋藤メソッド」の原点となる青春の技。（倉田真由美）
さ-38-2

齋藤孝
発想力
ネガティブな意見を言っている暇があったらアイディアを出せ。カットイン会話術から不在者認知力、「〇〇ですから！」のアイデンティティ論まで、齋藤流発想力で壁を突破！（内田樹）
さ-38-4

齋藤孝
グッとくる「はげまし」言葉
言葉がグッと胸にくいこんで、その後の人生を励ましてくれる。そんな経験は人生の宝だ——サリバン先生から坂口安吾まで、古今東西一流の人が投げかける愛に溢れた名言集。（乙武洋匡）
さ-38-5

城山三郎
静かなタフネス10の人生
大きな挫折やハンディキャップのなかから静かに立ちあがり、たしかな人生を歩みつづけた財界の重鎮十人から、彼らの生い立ち、経営、人生について、聞き書きした〝生きている話〟。

し-2-16

城山三郎編
「男の生き方」四〇選（上下）
終戦直後から復興、高度成長期、そして今日にいたる戦後五十年、日本の政治経済の基礎を築いてきた真の男の生き方、考え方を、本人はじめ肉親、側近者が語る日本経済史の第一級史料。

し-2-20

（　）内は解説者。品切の節はご容赦下さい。

白石康次郎
七つの海を越えて
史上最年少ヨット単独無寄港世界一周
「金なし、人脈なし、実績なし」の青年が、二度の挫折を乗り越え、奇跡の世界一周を成し遂げる。荒ぶる大海原との激闘を記録した感動の一七六日三時間五九分四七秒。（鈴木光司）
し-41-1

北尾トロ
裁判長！ ここは懲役4年でどうすか
裁判って誰でも傍聴出来るって知ってた？ 全くの興味本位で様々な裁判を傍聴してきた著者の爆笑傍聴記。DV、強姦、殺人……小説よりもワイドショーよりもリアルな現場。（角田光代）
き-26-1

高野悦子
母 老いに負けなかった人生
介護の方法を変えたら、九十歳になる母が痴呆症から回復した。岩波ホールの総支配人が綴る、十一年間にわたる介護の記録。そして、明治生まれの母の毅然とした生涯を描く。（秋山ちえ子）
た-20-2

谷崎光
中国てなもんや商社
中国から衣料品を輸入する商社にたまたま入社したOL一年生が次々に直面する驚愕の出来事！ 日中ビジネスの深い闇と希望の日々を赤裸々に描く爆笑ノンフィクション。（田辺聖子）
た-44-1

谷崎光
てなもんやOL転職記
「私、作家になります！」。アポなし、コネなし、コワイモノなし！ 商社OLから、いきなりモノ書きへの階段をかけ上がっていったナニワ娘の「超ド根性」エッセイ集。（泉麻人）
た-44-2

田宮俊作
田宮模型の仕事
子どもの頃、誰もが手にしたことのあるプラモデル。そのプラモデルはどのように誕生し、成長していったのか。「世界のタミヤ」と呼ばれるようになった田宮模型の社長が語るその歩み。
た-45-1

（　）内は解説者。品切の節はご容赦下さい。

堺屋太一
団塊の世代 新版
「団塊の世代」の名付け親である堺屋氏が七〇年代に、彼らが日本に何をもたらすかを予言した名著。大量定年、高齢化が問題になる今、〈新版〉で「団塊」の過去、現在、将来を考える。

さ-1-20

佐藤正明
陽はまた昇る
映像メディアの世紀
日本ビクターの一人の男の信念が、ソニーとの死闘を制し、VHSをついにビデオの世界規格に押し上げた。痛快無比・感涙必至の傑作ビジネスノンフィクション。東映映画化。（大林宣彦）
さ-30-3

佐藤正明
ホンダ神話Ⅰ
本田宗一郎と藤沢武夫
第27回大宅賞に輝いた企業ノンフィクションの金字塔が、大幅な加筆のうえ二分冊で新登場。本田宗一郎と藤沢武夫、ふたりの創業者はいかにしてホンダを世界企業へと導いたのか？
さ-30-6

佐藤正明
ホンダ神話Ⅱ
合従連衡の狭間で
神話を築いた創業者ふたりを失ったホンダを、自動車メーカー再編の波が襲う。四代目社長、川本信彦に打つ手はあるか。〝プリンス〟と称された入交昭一郎はなぜホンダを去ったのか。
さ-30-5

坂本敏夫
元刑務官が明かす
死刑のすべて
起案書に三十以上もの印鑑が押され、最後に法務大臣が執行命令をくだす日本の死刑制度。死刑囚の素顔や日常生活、執行の瞬間……全てを見てきた著者だからこそ語れる、死刑の真実！

さ-44-1

斎藤貴男
カルト資本主義
ソニーと「超能力」、船井幸雄と「労務管理」、生きがい商法「アムウェイ」、京セラ「稲盛和夫」という呪術師……。バブル崩壊後、オカルティズムに傾斜する日本の企業社会を抉《えぐ》る傑作ルポ。

さ-31-1

（　）内は解説者。品切の節はご容赦下さい。

機会不平等
斎藤貴男

ブリリアントな参謀本部かロボット的末端労働力か。九〇年代以降、財界、官界、教育界が進める階層の固定化。「機会平等」を失いつつある現状を暴露する衝撃のレポート。（森永卓郎）

さ-31-2

梶原一騎伝
夕やけを見ていた男
斎藤貴男

「巨人の星」「あしたのジョー」など、スポ根ドラマ、格闘技劇画の大ブームを巻き起こした天才漫画原作者、梶原一騎。天才の実像と純粋な心根に深く迫った傑作評伝。（永江朗）

さ-31-3

読者は踊る
斎藤美奈子

私たちはなぜ本を読むのか？　斬新かつ核心をつく辛口評論で人気の批評家が、タレント本から聖書まで、売れた本・話題になった本二五三冊を、快刀乱麻で読み解いてゆく。（米原万里）

さ-36-1

モダンガール論
斎藤美奈子

職業的な達成と家庭的な幸福の間で揺れ動いた、明治・大正・昭和の「モダンガール」たちの生き方を欲望史観で読み解き、二十一世紀にむけた女の子の生き方を探る。（浅井良夫）

さ-36-2

麗しき男性誌
斎藤美奈子

これが男の興味を惹く〝ツボ〟だったのか。オヤジ雑誌『レオン』、失楽園カップルの『日経おとなのＯＦＦ』など、男性誌三十一誌を俎上に、ユーモア、皮肉まじりの快刀乱麻。（亀和田武）

さ-36-5

文学的商品学
斎藤美奈子

商品情報を読むように小説を読んでみると思いがけない読み方ができる。村上春樹から渡辺淳一まで八十二作品を、風俗から食べ物まで九つのテーマに分けて読み解く。（さとなお）

さ-36-6